運を
あやつる
「時間」の
法則

天使と龍が
あなたを順風満帆な
人生へと導く

風菜

funa

KADOKAWA

はじめに

「これからの時代に幸運に恵まれるのは、時間をあやつれる人だよ」

――数年前の冬至前日、よく行く神社で出会った龍が私にそう教えてくれました。

時間をあやつるって、どういうこと？　私にそんなことができるの？　と戸惑う私に、龍はこんなことも言いました。

「口ぐせのように、時間がないとか時間を無駄にしたとか言ってない？　それじゃあ時間だってあなたに味方してくれないよ。時間にも意思があるんだから」

はっとしました。

それまでの私は無意識のうちに「時間がもったいない」「時間が足りない」なんて言葉

をほぼ毎日つぶやいていたからです。それだけでなく、しょっちゅう時間に対して苛立《いらだ》ったり、腹を立てたりしていたのです。

でも、時間に意思があるなんて本当でしょうか。いまいちピンとこなかったのですが、ものは試しにと、**その日から時間に対して、ネガティブに考えることを一切やめて、時間を尊重してみるようにしました。**

すると、なんとそれまで滞っていたことも含めて、物事がことごとくスムーズに進み始めました。

偶然かもしれない、と思いつつ、次第に私の中で確信に変わったのです。

時間にも意思があるんだ。
時間は味方につけられるんだ！

そう気づいたのです。一方でこれは、私たちの意識次第では時間がまったく力になってくれない、という意味でもあると思いました。今後は時間を味方につけられるように、時間を信頼して感謝しながらうんと仲良くしていこう！　そう決断したのです。

同時に、この時間の概念は、たくさんの人が知るべき大切なことだと思いました。しかし龍はその時、こうも言ったのです。

「まだ多くの人に知らせるのには少し早い。初期段階では様子を見て限られた範囲にだけ話すようにし、多くの人へ伝えるのには、時を待ち、今だと思ったその時にしなさい」

私がこの話をここでしているのは、今、ついにその時が来たからです。

✳ 時間を信頼するとなぜ良いことが起こるのか？

改めて自己紹介します。私は占い・スピリチュアル関連のビジネスのコンサルティング、顧客向けの個人鑑定業の他、現在はYouTuberとしてタロットリーディング動画を視聴者の皆様にお届けする活動をしている風菜《ふな》と申します。

以前は自分自身が別業種で会社経営をしつつ店舗展開をしていました。YouTubeでもその頃の経験を活かしながら、仕事や人生全般をタロットで占っています。

YouTubeでお届けするタロット占いは、不特定多数の方向けにもかかわらず、よく当たる！　とおかげさまで大評判で、チャンネル登録者数は6万7千人を超えました。

YouTubeでも個人鑑定でも、私は主に高次元とのチャネリングをしてメッセージを降ろしていくことが多いのですが、「チャネリング」と伝えると、専門的でとても難しいことだと想像される方が多いようです。

選ばれた人だけができるのだろう、特別な力が必要なのだろう、などと言われることが多いのですが、実はチャネリングは誰にでもできるものです。特別な力や生まれ持った強い霊感が必要なわけではありません。もちろんこれを読んでいるあなたも、ある手順を踏んで実践していただければ、できるようになります。

霊感ゼロでも龍や天使からのメッセージが受け取れた！

実は、今でこそ、毎日のようにチャネリングをして未来に起きる出来事を読み解いたり、高次元の存在である龍や天使からメッセージを受け取っている私も、かつてはチャネリングのチャの字も知らない、タロットに触れたこともない、平凡な中小企業の経営者の一人でした。

あるきっかけをもとに、15年ほど前からタロットを研究するようになった中で、スピリチュアルな学びを深めて、高次元の存在ともコンタクトできるようになったのです。

それ以前の私は、高次元という言葉すら知らず、霊感ゼロを自負し、自分には霊的な力など皆無だと思っていました。

当然ながら、まさか自分がこんなふうに日々さまざまなメッセージを受け取るようになるとは、露《つゆ》ほども思ったことはありませんでした。

そんな私が今ではプロとしてチャネリングをしているからこそ、誰にでも同じことができるよ、と言えるのです。


高次元とチャネリングできるようになってから、私は、天使と日常的につながって、今抱えている課題や問題への答えやヒントを受け取ったり、迷った時に自分にとって正しい道に導いてもらえたりするようになりました。

時には龍とつながって、長い人生の中で今をどう捉えて過ごせば良いのか、次の時代を自分らしく生きるためのポイントなど、高い視点からのメッセージを受け取ることもあります。そのおかげで信じられないほど人生が豊かに、軽やかになったのです。

✳時間を信じることが成功の第一歩

中でもとても重要なメッセージのひとつが、先ほどお話しした時間の概念の話です。龍からのメッセージを参照して時間の概念を人生に取り入れてからは、とくに見違えるような良い変化がありました。

具体的にはどんなことがあったかというと、焦らずに時間を信じることで、あらゆるスケジュールが嘘みたいにうまく進むようになったのです。

例えば待ち合わせや開始時間に遅れそうだった時に、混んでいる時間帯にもかかわらず、すぐタクシーに乗れて間に合ったり、電車が遅延して万事休すと思ったら、相手のほうが遅刻してきたりしました。

さらに、仕事も集中して一気にできるようになり、いつも30分以上かかっていた事務作業がなぜか5分、10分で終わったこともあります。

それに、大雨の予報だったのにたまたま外に出た瞬間に雨がぴたりと止んで、到着地に着いたとたんにゲリラ豪雨の音が背後から聞こえてきた、なんてこともしょっちゅう起こるのです。

些細《ささい》なことを含めて、奇跡的にも思える出来事が連続して起きるようになりました。時間に対してネガティブな感情を抱きがちだった頃には起きなかったようなことばかりです。

他にも、急に大きなお金の支払いが必要になり、頭を抱えたことがあったのですが、焦らずに時間を信じてみたら、期限前に突然十分すぎる大金が舞い込んできた、なんていうこともありました。

さらには**毎年、年収が1・5倍以上に増え、交友関係もぐっと広がり、すばらしい人脈に恵まれるようになりました。**

時間を信じ、絶対的な信頼を置くようになったことで、さまざまな幸運に恵まれるようになったのです！

もし今、少しでもうまくいかないことがあって悩んだり不安を抱えている人がいたら、ぜひ同じように人生を変えてほしい！　そう思って皆さんにもここでお届けすることにしました。

本書ではまず、この時間の概念について詳しくお伝えします。

さらに、私にこうした大きなメッセージをくれる龍、そして日常的に多くのひらめきや気づきを与えてくれる天使たちが教えてくれた、これからの新時代を生き抜くための秘訣《ひけつ》についてたっぷりとお話しさせていただきます！

そして本書では、皆さんがご自身で龍や天使から直接メッセージを受け取れるチャネリングメソッドについても余すことなくお教えします。

✳龍直伝！　新時代の「時間をあやつる法則」を初公開

龍が時間の概念について教えてくれた時、その話題だけでなく、チャネリングで受け取ったメッセージ全般についても、慎重に伝えていきなさいと告げられました。

私はその教えを忠実に守り、この2年半、龍や天使から受け取ったメッセージを、YouTube のメンバーシップコミュニティ、各地で開催したセミナー、この情報を必要としていると感じる顧客に対してなど、本当に私のことを信頼して話を聞きたいと望んでくれる人たちだけに伝えてきたのです。

その結果、あらゆる高次元メッセージがその都度、大反響で、「おかげさまで人生が変わりました」「ピンチや危機を乗り越えることができました」「本当に叶えたい願いを叶えることができました」「悩んでいたけれどこのメッセージで心から救われました」など、本当に多くの方の嬉しいお声やご報告をたくさんいただいてきました。

その中でもとくに反響が大きかったのが、冒頭でお伝えした時間の概念についてでした。おかげで、ほとんど宣伝していないのに、メンバーシップコミュニティは年々会員様が増加しています。

つまり私が本書の中でご紹介することは、すでに多くの方が実践をされた結果、その効果を実感し、実際に幸福度を引き上げてきたようなことばかりだと言えます。だからこそ、自信を持ってお伝えできます。

もしもあなたが、高次元とつながること、時間の概念を変えることについてわずかにでも興味を持っていただけたのなら、ぜひ本書を、ゆっくりと時間をかけてでもいいので、最後までお読みいただければと思います！

そこには必ず、あなたの知らなかった領域の世界への扉が、つながっているはずです。

きっと読み終えた時には、あなたも、天使や龍という存在を少しでも身近に感じられるようになっているでしょう。

人によっては、何だか今までと違う、人生が上向きになった、というように感じられる出来事がすぐに起きるかもしれません。

では早速、あなたの人生の幸福度をぐんと引き上げるお話をお届けします！

Column 1

チャネリングとは？

チャネリングというと、霊感がある人がするものだと思う人もいるかもしれません。「霊感がある」というと、幽霊が見え、死者と会話できるといった能力を持つ人のことを言うのが一般的ですよね。

「霊媒師《れいばいし》」とは、自分自身が何らかの形でこうした霊的な存在とコンタクトを取って、その存在と会話をしたり、思いやメッセージを伝えたりする人たちのことです。

このような人たちは、未来を見通す力を持っている場合も珍しくありません。例えば将来起きることが映像で見えてくる、脳裏に浮かぶという人がいます。

また人によっては予知夢を見たり、守護の存在やご先祖様経由で未来へのメッセージを受け取ったりもしています。

一方で、霊的な存在の声は聞けないけれど、龍や天使、もしくは自分自身のハイヤーセルフといった高次元の存在とコンタクトを取ることができ、対話をして必要なメッセージやサポートを受け取れるという人もいます。

こういう人の場合は、自分のことを「占い師」と表現したり、人によっては「高次元メッセンジャー」とか「スピリチュアリスト」などというふうに、さまざまな呼称を自分でつけているようです。

チャネリングとは、霊的な世界に限らず、こうした高次元を含めた目に見えない領域、そしてそこに存在する誰かと「交信」をして、メッセージを受け取る行為全般のことを言います。

そもそもチャネリングは英語のチャンネル＝channelを語源に持つ言葉です。水路を開くという意味があることから、見えない領域との回路を開くことにも使われるようになりました。

チャンネルという言葉からはテレビやラジオ、YouTubeの放送局などをイメージする方も多いでしょう。同じスペルですので語源も共通しています。

昔のダイヤル式のアナログテレビやラジオの周波数を合わせるように、自らチャンネルを合わせ、得たいメッセージを得ようとするものだと考えてもらうと、チャネリングのイメージが少しつかみやすくなるのではないでしょうか。

運をあやつる「時間」の法則
Contents

第2章 幸運を招く龍からのメッセージ

第3章　誰でも無敵になれる！　願望実現のワーク

第4章 天使や龍から最大の恩恵を受け取る方法

STAFF
ブックデザイン　白畠かおり
イラスト　ササダテ スイ
DTP　石塚麻美
校正　ぷれす

第1章

時間を味方にする人が運を拓く

時間に対する龍からのメッセージ

時間の概念を変えていく必要性

あなたがこれからの時代に幸運に恵まれるために、知っていたほうがいい「時間の法則」。

まずはこの法則について、龍からのメッセージをもとにお伝えしていきますね。

龍が言うには、私たち人間は時間というものを勘違いしているそうです。

どんな勘違いかというと、時間とは抗《あらが》えない絶対的な存在である、時間に意思はない、ということ。

しかしそうではなく、**時間には主体性がある。だから時間を味方につけることもできる**

し、敵にすることもできる。

そして時間を味方につけることができたら、あなた自身の豊かさや幸福のために、時間を自在にあやつることができる、と言うのです。

驚かれるかもしれませんが、これがもしお金だったらどうでしょうか。

「お金には意思がある」という話を聞いたことはありませんか？

お金にも意思があるから、お金を増やしたかったら、お金と仲良しになろう！　お金を悪いものだとか、怖いものだと考えるのをやめましょう！　などという情報は今、巷《ちまた》にあふれていますよね。

こうした考え方はとくにここ10年ほどで、金運を高めようという本の著者や発信者からよくいわれるようになりました。その多くは、お金を増やすためのマインドセットや持つべき意識などの情報に紐づけて語られています。

実際に経済的な成功者の中には、お金に意思があると信じて大切に扱った結果、収入や実入りが増えて持つお金が増え、経済的に豊かになれた、と感じている方がたくさんいるのです。

お金に関してはこれほどまでにさまざまな形で意思や主体性が認識されつつありますが、では、時間に関しては？　今まで同じようなことはほとんど誰にも語られていなかったのではないでしょうか。

しかし実際には、私たちの時間にもお金と同じように、主体性と意思があるのです。

想像してみてください。

もしあなたが「時間」の立場だったらどうでしょうか？　「もうぜんぜん時間がない」「なんであと5分しかないんだ」「まったく、もう少し時間さえあれば何とかなったのに、時間のせいでうまくいかなかった！」などというように、**自分（時間）のことで愚痴や文句を言っている人を助けたいと思いますか？**

それよりも、「時間があってありがたい」「あと5分あるから大丈夫」というように、自分に感謝や信頼を寄せてくれている人に力を貸したくなりませんか？

時間に意思があるなら、私たちが時間を大切に思い、ポジティブな感情を持った分、時間もちゃんとそれに応えてくれるのです。

ところが、ほとんどの人がそういうことは考えもしません。

たいていの人が当たり前のように、時間に対して不満を抱いたり、時間についての文句を日常的に言ったりしているのが現状なのではないでしょうか。たとえ無意識だったとしても、そのような否定的な感情や行動こそが、時間を味方にするチャンスを遠ざけているのです。

時間をあやつりたいなら、時間に対してネガティブ感情を持たず、時間の文句や悪口を言わないことが大切だと龍は言います。

とくに時間にとても厳しいといわれる日本人は、注意が必要です。

その厳しさというのは、もともとは相手の時間を奪わないようにとか、全体の調和を重視したいというような、思いやりや配慮から来ていたのかもしれません。けれどもいくら秩序を重んじるためでも、それが時間に対する理不尽な苛立ちや不満につながっているならば、自らの運気を下げることになるのです。

少しでもドキッとした方は、ぜひここで改めて時間に対する捉え方を見直していくことをおすすめします。

積極的に捉えたい事柄には、次のようなことが挙げられます。

・時間は不変という思い込みを持たない
・時間は自分の味方だと認識する
・時間を信頼する
・時間と仲良くなる
・自分には時間はあやつれないという先入観をなくす

こうしたことを実践すると、時間は必ずあなたの力になってくれます。

この時間に関する情報は、今のところまだあまり世の中に知られていません。けれどこれからは少しずつ広がり、遠い将来、人々の常識になっていくでしょう。

✳ 時間への意識を変えるだけで効果は絶大！

では実際に、龍の言う通り時間を味方にしたら、どんな現象が起こるのでしょうか。

私の場合、このメッセージを龍から受け取ってから**2、3週間で、ありとあらゆることが変わりました。**

それまで、もともとせっかちなタイプだった私は、時間に対してネガティブになることも日常茶飯事。「時間がない」と言っては焦ることが普通で、周りの人がゆっくりしているとすぐにイライラしていました。とくに経営者の時は社員に対して、「もっと早く」とよく口に出して周りのことも急《せ》かしていました。

そんな私が、龍のメッセージを聞いてからは、自分の態度を反省し、どんなにギリギリでも焦らず、時間を信頼することを徹底したのです。

イライラしそうな時は **「大丈夫、大丈夫、時間は私の人生をより良くしてくれる味方なんだ」** と心を落ち着け、時間に身を委《ゆだ》ねるよう心がけました。

するとこれが効果てきめんで、不思議とすべてがうまく回るように。

約束に間に合いそうもないシチュエーションでも、奇跡的に乗り継ぎがうまくいったりして、いつも時間が守れるのです。

たまに間に合わなかった時も、相手が自分より遅れて来たり、その人に別の用が入ったりして、結果的に何の問題もないことばかり。普段は時間に厳しくて絶対遅刻しない人が、初めて遅れて来たことまであったほどです。

さらに、それまではイライラが連鎖するような出来事がよくありました。ひとつのことで焦ってイライラすると、次にも間が悪いことが起きてまたイライラ。そうするとまた同じようなことが何回も連続して起こるのです。

けれども時間を信じて落ち着き、1個2個間が悪いことがあってもイライラしなくなると、**悪い連鎖がまったくと言っていいほどなくなりました。**

中でも子育てでは、焦っている時ほど子どもがジュースをこぼしてしまうなど、ハプニングが起きて余計に時間がかかるようなことがよくあったのです。

ところが時間を信頼してからは、そのような出来事がめっきり減り、育児ストレスも激減しました。

仕事や家庭の中で、普通なら30分かかる作業が、時間を信じて取り組むと不思議と5分、10分で終わることもよくあります。とにかく時間を信頼すればするほど、すべてにおいてタイミングが良くなり、有意義な時間を過ごせるようになったのです。

✳ 時間を信頼したら奇跡が続出

この話を私のセミナーや講座、YouTubeメンバーシップでもお伝えしたところ、多くの方から「時間を信頼して現実が変わった」「奇跡が起きた」といった報告をいただきました。

中には、次のような例も。

「事故に巻き込まれてイベントの入場時間に遅れそうになり、キャンセルするしかないと思っていたら、電車の乗り継ぎが奇跡的にうまくいって入場できた」

「普段はまったくタクシーを見たことがない場所なのに、急に空車が目の前に現れて時間に間に合った」

「大雪が降り、地面が凍結して車がまったく進まなかったのに、時間を信頼したとたん、なぜか急に雪が解け始めてスムーズに動き始め、遅刻せずにすんだ」

また、「電車が止まり飛行機に乗れず行けなくなった場所で、トラブルが発生していた。行っていたら巻き込まれているところだった」など、時間に間に合わず逆にラッキーだった、といった話もよく聞きます。

他に、このようなご報告もありました。

「いつもは期限をオーバーしていた仕事が、時間を信頼したら毎回、不思議と間に合うようになった」

「作業の効率が急に良くなって、以前の半分ぐらいの時間で終わるようになった」

このように、時間を味方にすると、誰にでも奇跡的なことが起きやすくなるのです。

時間を味方につけて運を呼び込む

今までの常識が通用しない新たな時代がやってくる

龍が私に時間の法則を教えてくれたのは、2023年を迎える直前の冬至前日でした。

この時に龍は、なぜ今の時期にその話をする必要があるのか、理由も教えてくれました。

龍によると、

「これから急激に時代が大きく変わり、今まで人々が『こうすればうまくいく』と思い込んでいた方法では、さまざまな物事が立ち行かなくなる。**新しい時代により良い人生を歩みたいのなら、今までの常識を変えたほうがいい。**中でも時間の常識は早くアップデートして、味方につけるべき。だから今、時間について伝えているのだ」

ということだったのです。

時代が変化するという点について少しご説明しますと、その根拠といわれるのが、占星術でいわれている、「地の時代」から「風の時代」への移行です。

風の時代は2020年末、社会の流れに影響を与えるといわれる木星と土星が、水瓶座《みずがめ》という風の星座に入るグレートコンジャンクションに始まりました。

さらに同時期から、冥王星、天王星、海王星という3つの時代を作る天体（時代天体）の大移動がカウントダウンに入っています。

これらの3天体はひとつの星座に長く滞在し、滅多に動かないのですが、2024年、冥王星は約16年ぶりに山羊座から水瓶座に移動完了。2025年から2026年にかけて、天王星も牡牛座から双子座へ移動します。どちらも地の星座から風の星座への移動です。

海王星のほうは12星座の最後の星である魚座から、最初の星の牡羊座に移動。2026年に天王星と海王星が完全に新しい星座に移行すると、以降はもう古い星座には戻りません。

3つの時代天体が同時期に星座を移動するということは、ひとつの時代のサイクルが終わり、新しく次のサイクルが始まることを表します。

その星の動きの影響を大きく受けて、人間社会でも2024年の年末から**2026年頃には完全に地の時代の名残《なごり》が消え、本格的に風の時代に入り切る、と予想されます。**

実際に、すでに今の時点でも、時代が変わっていることを感じている人も多いでしょう。まだ実感できていない人も、ほとんどが2026年頃には時代の変化にはっきり気づき、実感を得ると思います。

とくに2026年までは、古い時代の終わりと新しい時代の始まりを象徴するような、大きな出来事も起きやすいでしょう。

中でも、2024年まで冥王星が入っていた山羊座は大きな権力や権威を象徴する星座です。それが水瓶座に移行したことで、**今までの権威・権力が崩れていくことが暗示されています。**

現に冥王星が一度水瓶座に入った2023年3月には、大手芸能事務所の性加害問題が初めて海外メディアで放送されました。それからほどなくして事務所の廃業が決まりましたよね。あれほどの大手事務所が急になくなるとは、ほとんどの人が想像してもいなかったはずです。

冥王星が移動完了しようとしていた2024年の秋頃には、日本では衆議院選挙、アメリカでは大統領選挙があり、国家の元首が交代したり政権構造に大きな変化があったりしました。さらに、この原稿を書いている間に、過去には考えられなかったような、テレビ局のスキャンダルが勃発《ぼっぱつ》しています。

これからもまだしばらく、世界中で既存の大きな勢力、権力が覆《くつがえ》るような出来事や状況が続き、盤石《ばんじゃく》に思えたものが跡形もなくなるようなことも起こりやすいでしょう。

✳ 大変化の時代に幸福を手にするには?

他にも時代の変化にともなって、私たちが今まで予想もつかなかったことが起きそうです。実際にここ数年は、コロナ禍、ウクライナとロシアの戦争、それにともなう物価高など、私たちの生活を一変させるようなことがいろいろとありました。

２０２４年には日本円の価値もさらに大きく下がり、株価が大暴落するなど、経済も不安定になりました。今後また株価が大暴落して、大恐慌のような出来事が起きる可能性もあちこちで囁《ささや》かれています。

またこれからは人手不足も深刻になるといわれます。ドライバー不足で物流が滞ることも懸念されていますよね。２０２４年の米不足のように、物やマンパワーが減って、お金を出しても必需品が手に入らないような出来事が今後も出てくるかもしれません。

反対に今まで珍しかった新しい技術や習慣が、当たり前のように私たちの生活に入り込んでくるでしょう。

新技術と言えば、何といってもＡＩですよね。最近はChatGPTが急速に普及し、世界では車の自動運転も試験的に始まっていますが、この分野は今後も目覚ましく進化を遂げると予想されます。

ＡＩが人間の知能を超えるシンギュラリティが、今まで予測されていた２０４５年頃から、２０２５年頃まで早まるという説もあるほどです。すでにここ数年でもＡＩが文章や画像や表や音楽などを生成する技術が格段に向上し、事務職、イラストレーターやライター業など多くの人々の仕事を奪い始めています。

一方で、日常生活の中でも趣味的にAIを使いこなす人や副業に活用する人も劇的に増え始めており、可能性は無限大に広がっています。

またお金のあり方や使い方も大きく変わり、キャッシュレス決済はさらに進むはずです。最近では現金が使えないお店も増えていますし、すでに仮想通貨の発展も無視できない状況になり、今後のさらなる大発展も予想されています。

こうした大きな変化は世の中をより良くするために起きるのですが、一時的に混乱することがあるかもしれません。

しかし、**もし私たちがその変化についていけるなら、新しい時代にはたくさんの幸福が待っている。そう龍は言います。**

✳ 風の時代の価値観の変化と推移について

新しい風の時代とはある意味、つかみどころのない時代になりそうです。

というのも、これからは**人々が目に見えないものにどんどん価値を見出すようになるか**

らです。

今までの地の時代は、そうではありませんでした。

価値が高いとされるのは、現金を中心としたお金、家、不動産、株価、偏差値など、目に見える物質や一定の基準で数値化できるもの。

あるいは職業や役職のように具体的に表現できる地位、友達が多い、親戚とのパイプが強い、といった可視化できる人間関係など、**誰もが同じ基準で見てわかるものに対して、人々は価値を見出していたのです。**

そのため「あの人はお金持ちでいいな、素敵だな」「あそこは大企業だから安心」「あの人はちゃんと結婚して家族がいるから安泰だ」というように、目に見える価値が高いものを所有していれば成功者と思われたり、信頼を獲得することができていました。

ところが風の時代には、大企業が倒産したり、株価が突然下がったりと、見えるものの価値がゆらぐことがこれまで以上に多発します。これまでの時代のように、そこに誰もが感じていた安定感、存在感といったものは薄れていくでしょう。

また例えば仏壇に手を合わせたり、神社参拝、お墓参り、お宮参りをするなど、神仏の存在や行事を大切に考える人とそうでない人との差が広まり、それに対して皆が共有していた価値観もますます減っていきます。

学歴についても、社会共有の価値観というものがゆらぎ始めます。

これまで学歴は、偏差値などさまざまな社会共通の基準で学校を格づけし、優秀さが求められる思考力や知力、胆力や精神力を持ち合わせた人かどうかをふるいにかける手段として、絶対的な役割を持っていました。

ところが今や、人間の知力、思考力、ある種の芸術性などの要素までもが、人工知能によって代替される日がすぐそこまで来ています。当然ながら「社会に求められる優秀な人」の要素も今後は必然的に変わっていくはずです。

今後求められる要素とは、すでによくいわれていることですが、ＡＩで代替することのできないオリジナリティの創出、具体的行動を起こす力、周りを巻き込む統率力やリーダーシップ、プレゼンのうまさや人を惹きつける力など、数値化しづらいもの。つまり学歴では判断できない能力が価値を持つようになっていくのです。

これ以外にも、今後は多方面で皆が共通する絶対的価値が薄まり、社会の多様化がますます進むと予想できます。

そのような時代を生きる私たちにとって、絶対に必要になることがあります。**それが、確固たる自分自身、というもの。近年よく使われるようになった「自分軸」という言葉で表してもいいでしょう。**

周りに何があっても、どんなに社会の価値観が変動しても、ぶれない自分というものを確立する。それが風の時代を生き抜くために何よりも大事なことなのです。

少し話が横道にそれましたが、この自分軸を確立する上で欠かすことができなくなってくるのが、時間との付き合い方、向き合い方、捉え方だと龍が教えてくれました。さらに、時間を捉える上で、自分を取り巻く空間もあわせてポジティブな存在だと意識すると良いそうです。

時間と空間という、ともに目に見えないけれど確実に存在している2つを意識し、信頼することで、確実に強い自分軸を確立できるようになっていくのです。

とくに時間については、意識を変えることで軸がぶれなくなり、さまざまな良い効果がすぐに現れやすいので、詳しくお話ししていきます。

✳ 不変だと思っていた事柄をアップデートする人が幸福を手にする

龍によると、人間界で情報が流れる速度は遅く、時代の流れに追いついていないそう。現実世界を生きている人間は、過去の記憶から物事を見て、過去に世の中に必要だった情報を求めてしまいがちだからです。

ですから今はまだ、地の時代に幸せになるための情報ばかりが世の中にあふれています。そのひとつが、お金。今もお金の情報を求める人、発信する人が山のようにいますよね。なぜなら多くの人が、お金こそが価値があり、お金があれば満足な生き方ができると信じ込んでいるからです。

しかし風の時代には、お金を取り巻く現実は確実に変わります。

先ほど挙げたように貨幣価値が急に下がったり、お金を払っても必要な物が得られない状況も今後出てくるでしょう。

もちろんお金が無価値になるわけではありませんが、中でも現金は、例えば自国通貨の代わりとなる対価交換手段が出てきたり、仮想通貨でさまざまな取引ができるようになったりと多様化するために、価値が変動していきます。

にわかには信じられないかもしれませんが、書籍の存在を思い浮かべてみると捉えやすいかもしれません。

かつて、書籍は人々が思考力や知識、教養を高めるものとして絶対的な価値と権威、存在感や影響力を持っていました。

ところが現代では、そのような価値や力などが著しく低下してしまっています。

書籍そのものに書かれていることが以前と変わったからではありません。ＩＴで情報を得ることに比べた場合に、スピード、利便性などにおいて、デメリットがメリットを大きく上回ってしまった結果だと言えます。

同様にお金、とくに現金の場合も、実際に暗号資産など代替となりうる存在が頭角を現しつつある中で、絶対的価値を持つ性質は失われていくのです。

豊かさの象徴としてお金を絶対的なものだと捉えすぎれば、書籍の価値にこだわりＩＴを否定するのと同じことになるでしょう。

このような時代の流れに合わせようとするなら、見えないものからも豊かさや幸せを感じ取る意識にシフトしていくことが欠かせません。

その入り口として、まずは時間に対する意識をポジティブなものに変えてみてください。意識が変わると現実も変わります。

具体的には、時間にも人格や意思があり、あなたと何らかの形で意思疎通ができるものだと設定し、時間と仲良くしていくという意識を持ってください。さらに空間も同じように捉えるとなお良いでしょう。


私は時間と仲良し。時間を強く信頼している。だから時間はいつでも私の味方だし、いざという時必ず助けてくれる。

私はこの世界の時間と空間に愛されているし、私自身も愛している。だから私がいる世界はいつも愛と幸福で満たされている。


このようなことを実際に日々感じ取ってみるようにしましょう。「はじめに」でお話しした、私やクライアントが体験したような奇跡が、少しずつでもあなたに訪れてくるはずです。

✳風の時代は、良くも悪くも現実化が早くなる

今回の風の時代への突入は、将来、ＡＩ革命とほぼ同時に起きたとして歴史に刻まれるでしょう。

過去の産業革命やデジタル革命は、機械やパソコンなど目に見える世界を中心に著しい変化をもたらしました。しかし今起きているＡＩ革命は、シンギュラリティの実現や仮想通貨など、目に見えない領域で大きな変化を起こしています。

実は人間の世界においても、今後、見えない領域での大きな進化が表出化していきます。

具体的には、目に見えない領域の影響が現実世界に反映されるスピードがとても速くなるのです。

過去、思いが現実化することは当然ありましたが、地の時代まではまだ地球全体の波動が重く、実現までがとても遅くて曖昧でした。

そのため見えない領域が力を発揮していると人間が感じ取ることは難しく、欲しいものは現実的な努力や根性でしかつかみ取れないものだ、という価値観が当たり前になっていたのです。

現実的な行動が悪いわけではないのですが、良くも悪くも見えない領域の影響力を受けにくい分、仮にネガティブな思考や行動傾向を強く持っている人であっても、ポジティブな傾向の人と似たような現実を生きる世界が繰り広げられていたと言えます。

しかし今後は、思ったこと＝思考、願ったこと＝願望が良くも悪くもすぐに実現しやすい世界になっていきます。

こういう話をすると、人類全体の誰もが願ったことがすぐに叶うと想像される方もいると思います。もちろん叶う人もいるでしょう。ただこれはあくまで、**各々が信じている世界が目の前で現実化していくスピードと影響力が強まる、という意味です。**

ベースがネガティブな価値観で生きている人にとっては、ネガティブな世界が目の前ですぐに実現し続けていくわけです。また地の時代の価値観を引きずっている人なら、延々と地の時代の価値観を反映した現実世界が展開されるでしょう。

そういう意味において、思考が現実化しやすい時代というのは、良い面だけではないとも言えるのです。

これを読んでいただいている方の中にも、この5年ほどをそれ以前の10年、15年と比べて、時間の経過が早く、願ったり想像したことが現実化するスピードも速くなっていることを実感している人も多いのではないでしょうか？

もしまだそういう経験をしたことがない、という方は、思考、そして感情は現実化するんだ、というイメージをまず「漠然と」持ってみてください。不思議とそれを実感できることが、少しずつ身の回りで起きてくるはずです。

その上で、基本的にはポジティブなイメージを、やはり漠然と、軽やかに広げるようにしてみてください。ネガティブなイメージを常に持ってしまうと、そちらのほうが具現化しやすくなります。

この漠然と、というのがポイントです。

というのも、私たちは3次元の現実社会を生きるための理性を強く備えています。その理性によって、理屈で説明がつかないことを信じようとすると、さらに理屈を使って否定しようとする意識が働いてしまうのです。その点、深く考えずに漠然とイメージを持つだけなら、理屈で否定するほどにはならないからです。

自由自在に時間をあやつる方法

ゾーンに入ると時間感覚が変わる

ここからは、時間をあやつるコツについて、もう少し詳しくお話ししていきましょう。

まず、**時間をあやつるためには「時間の流れは変わらない」という思い込みをなくす必要があります。**

人間にとって、「時間は誰にとっても平等に流れている」というのは常識になっていますよね。時計の刻む時間が変わるわけもなく、毎分毎秒が同じ速度で流れている、と多くの人が疑いなく思っているはずです。

しかしある意味それは本当ではありません。実際には人によって、あるいは状況によって時間の流れ方がまったく違うのです。

皆さんは一流のスポーツ選手などが「ゾーンに入る」と言っているのを聞いたことはありませんか？

例えば球技であれば、とても速いはずのボールが急にスローモーションのようにゆっくり向かってきて、冷静に良いところに返すことができた。

陸上や水泳などのタイムを競う競技なら、突然周囲の人の進みが遅くなり、いつも通り向かっていたらとても早くゴールできた。

そんなことを選手たちが口々に言い、「あれはゾーンに入っていたからだ」と説明します。

他にも、あるスケート選手が表彰台に乗った試合に出ている時、彼は自分が滑《すべ》っているところを天上から見下ろしている感覚になり、次にどう滑ればいいかが手に取るようにわかった、と言っていました。

自分の中に一人ではなく、複数の人間の時間が存在するような、不思議な感覚。それもゾーンのなせる業《わざ》と言えます。

このようにゾーンに入ると、普段とはまったく違った時間の過ごし方ができてしまうのです。

なぜそうなるかと言えば、究極の集中状態に達した時に、人間の持っている潜在能力が一時的に覚醒し、この3次元の時空を超えるからです。

とくにスポーツ選手にそれができる人が多いのは、普通の人とは比べものにならないほど、時間と濃い付き合いをしているのが理由だと言えるでしょう。

つまり、とても長い時間を練習に捧げ、その積み重ねてきた時間に対して絶対的な信頼を持てるほどの付き合いということです。

そのようなゆるがない時間への信頼があると、本番では一瞬一瞬に全身全霊をかけることができ、集中力が時空を超えて、時間を変えてしまうのです。

✳誰もがゾーンに入る経験をしている

では一般人には、ゾーンに入るという経験はできないのか？　というと、そんなことはありません！

私たちも彼らと同じように時間との濃い付き合いをしていれば、時間を味方にして、その流れ方を変えることができます。**それどころか、実は私たちも子どもの頃から、ゾーン**

に入るのと同じような体験をしているのです。

学校の授業を思い出してみてください。すごくつまらないと感じる授業の時は、なかなか時間が過ぎなかったのではないでしょうか？　5分間が1時間ぐらいに感じる時がありませんでしたか？

反対に、楽しい時間はあっという間に過ぎるものですよね。

同じ学校生活の中でも、友達と夢中になって遊ぶ休み時間は、一瞬で終わったような気がしませんか？　大人になっても、楽しいイベントに終日参加した時に「え、1日がもう終わったの？」と思ったことはありませんか？

試験の本番、仕事で最も重要なプレゼンをした時、自分の結婚式などはどうでしたか？

特別に大切な時間、あるいは早く過ぎてほしい時間など、ありとあらゆる場面で、1分や1時間の表記は同じでも、実際の体感はどうだったでしょう？　どれも同じ長さに感じられましたか？

誰もが時間が経過するのが早い、遅いと感じた経験があるのではないでしょうか？

ということは、実は**すでに誰もがごく自然に、時間の流れ方を変えている**のです。

普段は無意識に変えていますが、スポーツ選手のように時間とのコミュニケーションに長けてくると、流れを自在にコントロールできる、というわけです。

つまり、**時間の流れ方は実は個人によって違うし、場面によっても違う、常に変化するもの**なのです。

全員同じ1分1秒、1日24時間を生きているわけではなく、人によってまったく異なる1分1秒、1日24時間を過ごしているとも言えます。

この違いは誰もが経験しているにもかかわらず、これまでほとんど誰も、時間に対する正確な概念だとは認識していませんでした。

なぜなら、いかなる時も1分は1分、変わることがない同じものである、という疑いもしない思い込みがあったからです。この思い込みがあったからこそ、私たちは時間を自由にコントロールできなかったのです。

まずはそのことを理解し、思い込みを外しましょう。

✳ 時間の悪口をやめよう

これまで多くの人が、時間は自分にはコントロールできないものと思い込み、さらに、時間には意思がないものと認識していたため、時間に不満を持つことに対して罪悪感を持ってはいなかったと思います。

中には、時間に対して「時間がない」「時間の無駄」「時間をどぶに捨てた」といったネガティブな言葉を当たり前のように口にしていた人も多いのではないでしょうか？

このように時間に対してネガティブになればなるほど、時間は私たちの味方をしてくれなくなります。

ネガティブな言葉や思いは、ネガティブな未来を引き寄せるもの。時間へのネガティブな思いを持った時も、その思いのままにネガティブな時間を引き寄せるのです。

考えてみてください。例えば嫌な時間、苦痛な時間を過ごさなくてはならない、もしくは時間が足りない！　というシチュエーションの中で、時間の文句を言ったとしても、実際には時間が悪いわけではありませんよね。私たちが時間に対して勝手にネガティブに捉えているだけです。

多くの人が「時間に苦しめられている」と思う時でも、実際には時間が人を苦しめるわけではなく、自分でそのイメージを抱いているだけにすぎません。

まずはそれに気づいて、時間に不満を持ったり、時間に対して悪口や文句を言ったりするのをスッパリとやめましょう。そして時間を肯定し、信頼を寄せてみてください。

焦りそうな時にも「まだあと5分ある」「大丈夫、時間があるから」「時間は私の友達であり最大の味方！」というように、ポジティブに捉えると、本当に大丈夫になりますよ。

それから、よく、過ごした時について「時間の無駄だった」と言う人がいます。あなたが今度もしそんなふうに思うことがあったら、それが本当に無駄だったのか考えてみてください。

仮にあなたが仕事で疲れて帰って来たのに、家でオンラインゲームをして寝不足になり、時間を無駄にしたと思ったとしましょう。けれどもその時間はあなたにとって、仕事のストレスを解消するのに欠かせないものだったのかもしれません。

あるいは人間関係が希薄な社会の中で、心の奥ではオンラインでの人とのつながりを必要としていたのかもしれませんよね。

そのように「必要な時間だった」と肯定し、信頼を寄せたら、その時間がちゃんと活きてくるのです。

さらに、**時間というものが当たり前にあるものだと考えず、自分が時間を使えることに感謝できたらベストです。**「時間があってありがたい」と思えたら、時間を大切に使えるようになり、ますます時間と仲良くなれます。

✳お金の価値観を時間に置き換えてみる

先ほどもお話しした通り、最近は「お金を信頼し、仲良くなろう」「お金に対するネガティブな思いをなくし、大切にしよう」「お金への先入観やブロックをなくそう」というような、お金に対するプラスの価値提唱が増えてきていますよね。

「お金は有限ではない。宇宙銀行から好きなだけ引き出せる」とまでも言われるようになりました。

龍が言うには、それら、お金に対する矯正《きょうせい》されたイメージや新しい捉え方を、今後は時間に対しても適用するのが有効だそうです。

時間もお金と同じく、悪い先入観を外して良いイメージを持つことにより、自分の味方になってくれるものだからです。

しかも、実はお金のように目に見える物質的存在に対しての価値観よりも、見えない「時間」、そして自分を取り巻く空間全体への価値観を変えるほうが、現実に及ぼす影響が大きいのです。

ですからぜひ、お金や物質的な豊かさを手に入れる情報を受け取ったら、時間にも置き換えられるか考えてみてください。先ほどの例の場合も、「時間を信頼し、仲良くする」「時間をネガティブに捉えず、大切なものだと認識する」というように、時間にも適用できますね。

ただし龍によれば、お金を引き寄せようと努めたり、お金を増やすために試行錯誤すること自体がNGというわけではなく、これからもそれらを続けることは問題ないそうです。そこに、お金だけではなく、時間に対する意識のアップデートを加えるとなお良いということなのです。

なぜならこれからも物質的な豊かさは必要なものであって、それをもたらすお金もまた、この地球では必要だからです。

大事なのは、豊かさの基準になるのが物質的なもの、目に見えるものだけではないということをしっかり認識し、それだけにこだわらない、ということ。その上でお金にプラスして時間と空間への概念も変えていけば、鬼に金棒というわけです。

✳次元が上がると時間が自在になる

時間などの見えない世界が重要になるというのは、風の時代以降、私たち人間が次元上昇して、波動が高くなるからでもあります。

次元についての詳細はコラム（P63）をご覧いただければと思います。

ちなみに4次元に到達すると、自由自在に過去や未来に行けたり、時間を使わずに遠くまで瞬間移動ができるという説がありますが、スピリチュアルの世界では、時空を超えられるのは5次元からだという考えが根強くあり、私もそのように考えています。

いずれにしても、**3次元の中にいる私たちにとっては絶対不変と思われていた時間が、次元が上がっていくと自在に変更できるものになるのは確か**です。

ハイヤーセルフや龍や天使、創造主といった存在は5次元以降の世界に到達しているので、時間移動は十分可能なわけですね。

私たち人間も、ゾーンに入ったりすると、一時的に潜在意識を用いて次元を上げることができるため、3次元とはまったく違った性質の時間を体験することができるのです。

今後私たちが次元上昇し、波動が上がったら、時間のように見えない世界をもっと自在にあやつって、現実を容易に変えられるようになります。

将来人々の次元上昇がさらに進んでいけば、時間を自由に行き来し、タイムマシンで時間旅行することも可能かもしれません。民間から宇宙に旅行できる現代です。時間旅行が当たり前になる日も近いのではないでしょうか。

その時、時間が誰でも平等に流れている絶対的なものだということが、常識ではなくなるはずです。

✳ 時間の恩恵を受けやすい人、受けにくい人

ここまでのところであなたは、自分にも時間を自由にあやつれる力がある、と信じられましたか？

あやつってみたいけれど、あやつれたらいいと思うけれど、にわかには信じられない……そんなふうに感じた人もいるのではないでしょうか。

最初はもちろん、それでOKです。

ただ、あなたが、少しでも時間を味方につけて、やがて自在にあやつれるようになりたいと思うのならば、最初からこれだけは取り組んでほしい、と思うことがあります。

それは、**時間を絶対のものと思わず、柔軟に捉えていくこと。**

そして自分を取り巻く時間（そしてできれば空間も）が、あなたを優しく包み込む存在であると漠然とイメージして過ごすことです。

ちなみに、これまでお届けしてきたような時間の概念について、私がさまざまな角度から直接お話ししても、なかなか信じられない人、信じてもその効果をあまり実感できない人もいます。

もちろん全員ではなく、あくまでも傾向なのですが、とくに頭が良い人、学校の勉強が得意だった人ほど、難しい場合が多いようです。左脳優位で、心や感情ではなく思考や理論を優先する人にも同じことが言えるでしょう。

頭が良い、勉強ができる人というのは、合理的解釈によって最適解を出せるため、何事においても合理的解釈こそが人生を良くしてくれる、という思いを根強く持つ傾向にあります。それでこうした理屈で説明がつかない、科学で立証されていない事柄に対して、受け入れることへの抵抗感を無意識に強く持ってしまうことが多いのです。

あるいは算数、数学や数値が得意で数にとらわれてしまう人も、効果を得るまでに時間がかかることが多いようです。とくに地の時代には、数値のように可視化できるものが評価される傾向にあったことが影響しているのでしょう。

それらが悪いわけではありませんが、**竹を割ったような最適解を求めることに快感や安心感を覚えたり、数字や数値を絶対的なものだと捉えたりする傾向が強いと、時間の概念を変えることは難しくなります。**

同様に見えない世界を今ひとつ信じきれない、という人も、時間の概念を変えるのが難しい傾向にあります。そのような人たちの場合も、今まで見えるものを判断基準にしてうまくいっていたり、見えるものが支えになることが多かったのかもしれません。
けれども、見えないものが価値を持つ風の時代には、見えないものを信じない人ほど生きにくくなっていきます。

最近はビジネス講座でも潜在意識や引き寄せの話が取り上げられたりしていますし、スピリチュアルな話が一般的にも浸透してきたので、見えないものの力をまったく信じない人は減ってきていると言えるでしょう。

しかしそれでもなお、未来永劫、見えることにだけ意味を見出す生き方を変えられない人は、今後生きる上でさまざまな限界を感じ、行き詰まったような苦しい思いを抱くことが増えていくはずです。

いずれは学術的に時間の真実が解き明かされる日がくるかもしれませんが、風の時代のアップデートに合うように自分も変化していきたいならば、その日を待っていては間に合わないのです。

反対に、新しい時代をつかさどる時間の概念や、見えざる領域からの恩恵を受け取りやすいのはどんな人かと言えば、物事を柔軟に受け止められる人、自分の感性・感覚を信頼し、心の声を大事にして、自分に忠実に生きられる人です。

もちろんどれだけ頭が良かったり、合理的解釈や数学が得意だったとしても、見えない世界を大切にして柔軟に考えられる人なら、時間の定義を新しく捉え直して、その恩恵を受けることができるでしょう。

また右脳左脳、どちらが優位かに関係なく**「好き」を重視して生きている人ほど、恩恵を受けやすい**と言えます。

そのような人は、自分のために使う時間が多いですし、好きなことに夢中になっているとゾーンに入るような経験をしやすいからです。

今、好きなことに時間を使えないからといって、恩恵が受けられないわけではないのですが、少しでも好きなことに時間を使うほうが影響を実感できる機会は増えていきます。

✳「焦り」は運を逃すネガティブ感情だから要注意

龍によると、**今まではネガティブな感情の中でも一番良くなかったのが、不安や恐れ**でした。

2025年からはそれと同じワースト感情に、焦りも入ってくるそうです。そして焦りの感情には、往々にして時間がセットになっているものです。

かつての私もそうだったのですが、時間を信用できないと「まだ5分ある」ではなく「もうあと5分しかない」と思って、焦ってしまいますよね。

今後はますます焦れば焦るほど、時間の恩恵が受けられなくなり、状況も悪くなるようです。

というのも、焦ると自分軸からずれてしまうからです。

焦るとたいていの場合、私たちは自分を見失ってしまいますよね。そうすると軸が保てません。100％ではありませんが、焦りと自分軸がずれることは、ほぼ直結していると言えるでしょう。

前述したように、自分軸に沿って生きるのはこれからの時代にとても大切なこと。

風の時代には、地の時代には当然のようにあった人々の共通の認識や価値観が、どんどん崩れ、「隣の人にとって正しいことが自分にとっても正しい」という指標や目安がなくなったり薄まっていきます。

その分、自分にとって何が正しいのかをしっかり理解し、軸を確立してそこからずれないようにしないと、とても生きづらくなるのです。

しかもそのような苦しい状態に陥ると、より一層焦りが生じ、不安や恐れのようなネガティブ感情も生まれやすくなります。そしてその感情が具現化して、ネガティブな現象も起きやすくなるのです。

その具現化の速度も、地の時代の頃は遅かったため、多少時間がなくて苛立ったり、焦るような思いを抱いたとしても、実際の影響力は大きくありませんでした。ところが今後は思いの影響が今まで以上に多大になってくるので、焦りという感情の悪影響も今まで以上に大きくなるのです。

だからこそこれからの時代は、時間を信頼して、むやみに焦らないことがなおさら大事なのです。

✳残された時間を不安に思い焦ってはいけない

私たちが抱く焦りには「あと5分しかない」といった短期的・瞬間的なものだけでなく、

「○歳だから結婚しなければ」「○歳だからもう遅いんじゃないか」といった長期的なものもあります。

この長期的な焦りというのも、今後は今まで以上にネガティブに働いてしまいますので、思い当たる人はぜひ注意してくださいね。

とくに中高年以降の方が、今時間がないわけではないのに、人生に残された時間が少ないと焦ってしまうケースが多々あります。

そういう人は、将来のことを考えた時に「もう○○歳だから、独立開業は難しいだろう」「もう50代だから、離婚しても再婚はたぶん厳しいだろう」というように、年齢にまつわるネガティブな思い込みを当たり前のように持ってしまうのです。

けれども本当にそうでしょうか？　その通りになるかはまだわかりませんよね。ただの思い込みで勝手に残された時間を計算し、焦っているだけなのです。

中には、「子育てが終わって一段落したけれど、これから親の介護が始まるだろうから、今のうちに何か身につけなければ」「60代になったら収入が激減するだろうから、今から蓄《たくわ》える必要がある。そのためには旅行も贅沢もぜんぶ我慢しなければ」というように、まだ起きていない条件をつけて焦る人もいます。

しかし話を聞くと、大体の人はその時点で、まだ親はピンピンしていたり、自分自身も健康体で、将来収入を増やせる可能性があることも多いのです。

介護や貯蓄が悪いわけではありませんが、**未来がどうなるかは確実ではないのですから、絶対に起きることであるかのようにネガティブな条件をつけるのはやめましょう。**

ネガティブな予測から焦って行動しても良いことはありません。その発想の流れだと、今という時を楽しむことがおざなりになりやすく、さらに楽しくない未来を引き寄せてしまいます。

焦らずに自分の人生を信頼してください。時間を信頼すれば、時間は逃げず、あなたに有利なように増えます。結果的にあなたには十分な時間が与えられるのです。

Column 2

天使や龍がいる「高次元」の世界と「天啓《てんけい》」について

本書に出てくる高次元とはどんな世界でしょう？　高次元という言葉自体は聞いたことがある人も多いと思いますが、手に取るようにわかるとか、存在することに実感が持てるという方は少ないのではないでしょうか。

私は自らのチャネリングを通して、数えきれないほど高次元とつながってきました。亡くなった家族が天に昇っていくのが見えて安心したこともありますし、悩んでつらい時、急に体が宙に浮き上がって自分を俯瞰《ふかん》して眺め、悩みがたいしたことじゃないとわかって気が晴れることもあります。

理不尽に怒っている人の奥底に怯《おび》えが感じ取れたりもするため、日常的につながることで、他人の発言や行動に振り回されることもほとんどなくなりました。

その高次元の世界については、つながった時に自ら感じ取ったり、龍や天使のような存在からも詳しく教えてもらいました。

ここではそのイメージをできる限り言語化したいと思います。

高次元とは、簡単に言うと、5次元以上の世界のことです。私たちが今いる世界は3次元、ひとつ上が、4次元の世界です。

4次元というと、多くの人がドラえもんの世界を想像されるかもしれませんね。実際には誰も経験したことはなく、ドラえもんのように時空を行き来できるのか、それとも別の形で3次元と違う現象が現れてくるのか……。まだ解明されていない、何もわからない領域です。

ただ、いずれにしても一般にいわれるように3次元に時間を足しただけの世界ではないようです。

未知の世界である4次元ですが、私がチャネリングで受け取るイメージとしては、

・3次元の世界の重力バランスが変化する。例えば壁を人が伝って地面に対して直角に歩いていたり、人（ではない場合も）によっては鏡の中にも入り込めたりする。

・あり方は一様ではなく、先のような重力の変わるエリアもあれば、壁を通り抜けられる場所もある。4次元にいる物体は何でもできるわけではなく、各自が存在しているエリアごとにルールがあり、その場所にいる間はルールに合わせて過ごす。

・死後の世界の入り口があり、亡くなった人の魂はまず4次元に行く。その後はいずれ5次元以上に行く場合と、そのまま4次元にずっと留まり続ける場合がある。3次元の世界での人生を悔いなく生き抜いていれば、すぐに4次元を抜けて5次元以上の世界に行くことができる。

・未練もしくは大きな罪悪感があるまま亡くなった場合は、ずっと4次元をさまよう。その場合は、地獄や阿修羅《あしゅら》のように過酷なエリアに長くいる状態となる。ここで未練を断ち切ったり、罪悪感を持つような出来事への反省・精進《しょうじん》をやり終えた魂は、一度5次元に上がって、再び3次元に転生できる場合もある。

・過酷なエリアには悪霊、亡者、物の怪《もののけ》、悪魔、鬼のような邪の存在もさまよっている。そういった存在は基本的には互いにまったく干渉しない。

・意図せずとも人は潜在意識で4次元につながっている。例えば極限状態に陥った時、思わぬパワーが出せることがあったりするのは、潜在意識を使って無意識につながった4次元の力を使っているから。

・睡眠中も私たちは潜在意識の領域を通して4次元に半分くらい入っている。タロット占いを無心でしている時なども同じ作用が起きて、4次元の力を借りている。

それに対して、**高次元である5次元以降の世界は、最も偉大で絶対的な神がいるのが特徴的です。**

そんな5次元以降の領域のイメージは次の通りです。

・水や虹や豊かな草木花であふれ、光とポジティブなエネルギーが充満している。

・純化された魂、あるいはもうしばらく生まれ変わらないと決めた魂は、5次元以上の高次元に進み「ハイヤーセルフ」または「守護霊」と言われるような存在になる。

・ご先祖様もこの領域にいるが、すでに家系としての先祖を超えた存在である。といってもご自分の家系のご先祖様が他人になるわけではない。先祖であった魂が5次元に入り、大きく温かい光とベールで私たちを包み込むような存在に変わったということ。

・天使や龍もこの世界の住人。ただしそれぞれ個別の肉体と意識に分けられた3次元と違い、実体はなく他者と分離してはいない。龍も天使も祖先も、本質的・究極的にはまったく同じ存在である。

・好きな時に好きな場所へ行ける。3次元の世界に再転生することも可能。特定の魂を救うこともできる（ただしそれぞれの魂には課題があるので、不要な手出しはしない）。

私たち人間は、この地球に生を授かる前、すべてが温かい光に包まれた5次元以上の空間にいました。

そこにはネガティブとポジティブの2極はありません。誰もが3次元の理屈を超えた能力を発揮でき、願ったことは簡単に叶い、人間が抱くような感情も存在しません。

そのような場所にいながらも、地球で苦労や困難も含め、さまざまなことを経験してみたいと望んだ魂は、ハイヤーセルフの同意を得て地上に降り立ちます。

そして3次元の地球に生きながら、5次元以上の高次元に回帰することを目指すのです。

魂は母体から生まれてくる瞬間に、それまでの記憶を消し、今までいた世界のことはすべて忘れます。それでも3～5歳くらいまでは、どことなくその記憶や感覚がぼんやりと残っていますが、ほとんどの人が小学校に入学する頃には思い出せなくなります。

赤ちゃんや幼い子どもが、時々驚くような能力を見せることがあるのをご存じの方も多いのではないでしょうか。

例えば、足音が聞こえないはずなのに、親が帰宅することを早々と悟っていたり、誰も教えたことのない事柄や言葉の意味を知っていたりということです。
「たまたま前の日と同じくらいに帰宅したからかな」とか「テレビやYouTubeで聞いたことがあるのかな」と片づけてしまうのは簡単ですが、実は奥深い真実が秘められています。

幼いうちは大人には見えていないものが見えますし、どんな難しい言葉も実は生まれる前から知っているのです。

なぜかというと、**生まれる前の私たちは、何をどうするべきか、どのように捉えればよいのかといったあらゆる叡智《えいち》を、自らの内側の深く温かい光を通して受け取っていたからです。**

幼い子たちはそれを覚えているのですが、この地球でうまく表現する技術をまだ身につけていないために、大人には気づかれないだけなのです。

こうした叡智は地球上で過ごすうちにどんどん思い出せなくなり、能力も発揮できなくなっていきます。

しかしどれだけ記憶が薄れても、必ず私たちはそれぞれの根っこのところで、感覚的に覚えています。

実際に大人になってさまざまな情報からこのようなことを知った時に、なぜか不思議としっくりくる、前から知っていた気がする、と思われた方も多いのではないでしょうか。

実はこうした叡智は、誰でもきっかけがあれば思い出すことができます。それを私たちが思い出す時、普段の思考からは考えられない発想として出てくることが多く、時として「天啓」と呼ばれたりします。

つまり天啓とは、よくいわれるように私たちの外にある遠い世界のどこかから受け取るようなものではなく、自分自身の内側がもともと知っていた叡智を導き出すことなのです。

限られた人だけでなく、誰でも方法がわかれば天啓を受けることができます。

その方法を徐々に思い出し叡智を受け取っていく、それがチャネリングの真の姿です。

少しでもスピリチュアルな領域に興味を持っている方は、生まれる前の世界のことを無意識下では感じています。

ですからチャネリングのことを学び始めると、人によってはごくあっさりと、初回から天啓と思えるようなさまざまなメッセージを受け取れるのです。

一方で、望んでもなかなか上手にメッセージを受け取れない、という方もいるのですが、本書の中でお伝えする浄化、クレンズ、ノイズのクリアを続け、自分自身への愛を深めていけば、やがて必ず本質にたどり着き、叡智を思い出せます。

その時、懐かしいような安心するような不思議な心地を抱かれるでしょう。かつては、私もそうだったのでよくわかります。

第2章

幸運を招く
龍からのメッセージ

さまざまな龍の教えに沿って新時代の流れに乗る

✳ 虹龍から運の良さについてのメッセージ

ここまで、時間の概念について龍からのメッセージをお届けしてきました。

龍にはさまざまな種類があり、私たちが高次元の世界にアクセスした時に、それぞれの得意分野からメッセージを届けてくれます。

私もことあるごとに龍とコンタクトし、時間以外の面でも人生を豊かにしていくための秘訣を教わってきました。

その中でも皆さんのお役に立ちそうなメッセージをここからお伝えしていきます。

ひとつ目が、運の良さについて。見るべきものが何かを教えてくれる虹龍からのメッセージです。

幸運や運の良さ、とは誰もが必ず持っているものだ、と龍は言います。ところが、持っていてもそれを活かせるかどうかは、自分がどう運を捉えるか次第なのです。

どういうことかと言いますと、私たちはよく、タイミング良く嬉しいことがあったり、思い通りに事が運んだ時、「自分は運が良い」と考えますよね。

反対に嫌なことや思い通りにいかないことがあったり、間が悪い時に、運が悪いと思ったりしませんか？

けれどもすべてのことは宇宙の采配で、あなたのために起こるべくして起きているのです。**信じられないかもしれませんが、私たちが「タイミングが悪い」と思うことでも、実はすべてベストタイミングで起きています。**

何もかもが自分のために起きているのですから、実は何が起きていても、自分にとって幸運であることに変わりはありません。

実は、**真に運が良い人というのは、その自分の幸運を信じられる力を、いついかなる時も持ち続けられる人なのです。**

それを自分は運が悪いと捉えてしまうと、宇宙の采配を否定していることになり、負のスパイラルにはまり込んでしまうことがあります。

私がそのメッセージを受け取った時、龍はあるビジョンを見せてくれました。それは、3~5歳ぐらいの幼児が、両親や祖父母に絶対的な信頼を寄せ、安心して抱きついて寝ているというもの。その子は、いきなり落とされるという心配などまったくしていませんでした。

……このビジョンが何を表しているかというと、まず、ほとんどの子どもは3~5歳ぐらいまではあまり運が良い・悪いと考えることがない、ということです。もし親から虐待《ぎゃくたい》を受けたり、家庭環境が悪かったりしても、まだその時期には「自分は運が悪い」とは考えません。

運を考えるのは、小学生ぐらいで周りの人と自分を比べだしてからになります。その状態で成長して、運が良い・悪いと言っているのが私たち大人です。

つまり、私たちは本来、小さい子が親や両親に安心してしがみつくのと同じように、**自分の運に絶対的な信頼を寄せられるし、実際に信頼していい。**そう龍は教えてくれたのです。

✳ネガティブな時は最後にポジティブな言葉をつぶやこう

また、私が精神的にモヤモヤや葛藤を抱えながら神社に参拝した時のことです。その時は体調も芳《かんば》しくなく、家族との関係もうまくいっていませんでした。しかもちょうど同時期、私はYouTubeで行う配信活動にある種の限界を感じていました。

さらに、定期的にネガティブなコメントをされる人がいて、管理画面を開くたびに憂鬱《ゆううつ》な気分になることが多かったのです。

普段コンディションが悪い時は、神社に行ってもあまり龍とは会えなかったり、メッセージを受けられないことが多いのですが、その時は違いました。

今日もダメだろうと思った時に、あずき色の龍が現れ、メッセージをくれたのです。

その時私が気になっていたのは、言霊《ことだま》のこと。

言葉には言霊といわれる強いパワーがあり、ポジティブな言葉はポジティブな現実を引き寄せ、ネガティブな言葉はネガティブな現象を引き寄せると言いますよね。

したがってネガティブワードを絶対に口にしないこと、あるいは頭に思い描いてもダメ、という説がありますが、私自身はその考えに疑問を持っていました。

確かに頭で考えたり、実際に口にしたりする言葉をポジティブにするのはとてもすばらしいこと。そこに絶大な引き寄せの力があるのも実感しています。

しかし一方で、人間として生きている以上、どうしても発想や発言の中でネガティブな言葉が浮かんでしまうのも自然なことですよね。

私自身も家族との関係や、YouTube上で心ない言葉をぶつけてくる人に対してのネガティブな感情を一切排除するというのは難しいと思いました。もしそこで無理にネガティブを排除しようとすると、我慢したり自分を抑えたりしてつらくなってしまうのでは、と感じていたのです。しかも同じようなことは私だけでなく、視聴者やクライアントも感じたことがあるのではないか、と思っていました。

それを龍に質問したわけではなかったのですが、その時は向こうからヒントを教えてくれました。

龍が言うには、私たちの心身のコンディションが良好な時、なるべくポジティブな言葉を使うのはとてもいいこと。少しぐらいネガティブな思考が浮かんだとしても、それをあまり重視しないで、ポジティブに切り替えようとしていいそうです。
半面、メンタルがダウンしているような時には、無理にネガティブを排除しようとしなくていい。あまりにも不安や恐れが大きい場合に「大丈夫だよ」と自分をなだめて安心させるくらいはいいけれど、その感情を一切排除する必要はないとのことです。

というのも、ネガティブ思考が心を大きく占めているのに、一切排除しようとするのは自然なことではないですよね。やろうとすると非常にエネルギーを使う上に、そうしたところで完全に排除することはほぼ不可能でしょう。
ならばそのことにエネルギーを消耗するより、自分を立て直すことを優先したほうがいい。**最初はありのままの自分の感情を受け入れて、「そんな時もあるよね」と否定しないようにする。そのほうが早く立ち直れる**という話だったのです。

ただし、龍の話では、どれだけネガティブな時にも必ずやったほうがいいことがあるそう。**それは、どんなにネガティブな言葉や発想、感情が出てきたとしても、最後には必ずポジティブな言葉や思考で終わらせる、ということです。**

いったん頭を切り替えるタイミングで、ネガティブな言葉はストップし、「でも私は大丈夫」「明日は必ず良くなる」というようにポジティブな言葉で最後にする。

そうすればそこからまたポジティブに向かっていくから大丈夫、という話でした。

✳ ネガティブな「シャドウ」の面を大切にする

そもそも人間には光の部分だけでなく、恐れ、不安、自己嫌悪や、嫉妬のような他人への嫌な感情など、ネガティブな面があります。スピリチュアルの専門用語で、**それらのネガティブが詰まった部分のことを「シャドウ」と呼びます。**

どんなに聖人君子のように見える人であっても、人間にはシャドウが必ずあるもの。それは人が隠しておきたいと思う部分でもあります。

人生を前向きに生きたくて、自分の中にあるシャドウを邪魔なものだとして嫌ったり、目をそむけたり、極力否定しようとする人が多いのですが、実はそのシャドウにこそ潜在能力があり、底力や大きな可能性が詰まっているのです。

例えば、比較してもしょうがないとわかっていても、誰かと比べて焦ったり嫉妬したり、見返したいといった思いを持ってしまうことは、誰にでもありますよね。こういう気持ちを相手ではなく私たち自身に向けた時、それが自分を動かす大きな原動力になることがあります。

皆さんも、時には善意や良心よりも、ネガティブな経験や感情が原動力となって何かを始めた時のほうが、驚くほどの勢いでロケットスタートを切れた、といった経験はありませんか？

あるいは、音楽、美術や文学などさまざまな分野で制作や創作活動をしている人、芸術鑑賞が好きな人なら、とくに共感してもらえるかもしれません。陰陽は必ずセットで語られ、光があれば必ず影が発生します。そのコントラストがあるからこそ生まれる芸術もあるのです。

とはいえ、シャドウから発生するさまざまな感情を、日常生活に持ち込みすぎることには注意が必要です。**ネガティブな思考に常に支配されてしまうと、波動が低下して望まぬ未来を引き寄せてしまうからです。**

作家やミュージシャンが、作品の中で怒りやネガティブな感情を爆発させることで、強烈なパワーが宿ることがありますが、その感情を日常生活にずっと引きずっていたらどうでしょう？　怒りやネガティブに支配された毎日は絶望的なものであると想像できますし、未来が明るいものになるとは思えませんよね。

シャドウのパワーを利用して勢いをつけることがあっても、どこかのタイミングで気持ちを切り替えていく必要があります。


あずき色の龍による言霊のエネルギーの話は、このシャドウからの切り替え法を教えてくれるものだと言えるでしょう。

もう一度言うと、**ネガティブな思考や感情を持つことそのものを否定せず、気持ちを楽にして、自然な流れであるとまず受け止めること。**その上で最後は必ずポジティブに切り替えて思考を終えることです。

実はずっとポジティブになろうとするのではなく、この切り替えをうまく繰り返せることこそが、最強の開運マインドだと言えるのです。

愛を受け取るためにできること

受け取れる愛の量は皆同じ

龍は色によってそれぞれの得意分野があるのですが、中でもピンクや紅色など赤系の龍は、よく愛についてのメッセージをくれます。

愛といっても恋愛に限らず、人類愛、家族愛について教えてくれたり、自己愛を持って自分を肯定することの大切さを説いてくれることもあります。

中でも愛について私たちが知っておいたほうがいいこととして、マゼンタピンクの龍が教えてくれたことをお伝えしますね。

まず人間は全員、一生涯に同じだけの量の愛を受け取れる。その可能性を平等に持って

生まれてきているということです。

といっても、生まれる時の家庭環境はさまざまで、親からどれだけ愛情を受けられるかを選ぶことはできませんよね。

親の愛にも物質的な豊かさにも不足のない環境で育った人がいる一方で、どちらも不足した過酷な環境で育った人もいます。その点だけ見れば、どこが平等なんだろうと思えるのではないでしょうか。

しかし龍によれば、**愛が子どもの頃には不足していたとしても、成長するにつれて受け取る量を大きくすることができる**のだそうです。

注ぎ込まれる愛にはいろいろなものがあります。それは恋愛かもしれませんし、隣人愛、ペット愛、結婚してからの夫婦愛や家族愛かもしれません。

いずれにしても、それらの愛をすべて足していけば、生涯を通して同じだけの量を受け取れるというのです。

ただ、愛を受け取るために必要な条件が3つあります。

そのひとつ目が、自分をこの世界の中心、真ん中に置くこと。

2つ目が、心のドアを閉じないこと。

3つ目として、愛を勝ち取りにいかなくていい。ただ今の場所に佇《たたず》んでいるだけでいいということ。

この3つを心がけると、人生に無限大の愛が注ぎ込まれる。それによって物質的な豊かさも広がり、精神的な充足感や幸福感も広がっていく、とのことでした。

この3つはとても大事なことなので、それぞれもう少し掘り下げて説明しますね。

✳ 1 自分の世界の中心は「自分」と意識する

ひとつ目はつまり、自分の人生の主人公は自分であるべき、ということです。

人生がひとつの大きな舞台なら、**その人生を演じる自分が主役として真ん中にいること。**

または自分の人生を俯瞰で眺める時は、一番真ん中の特等席で、他人ではなくて自分を見ること。

それが正しいあり方なのに、自分を脇役のように端に置いて、他人を主役のように見ている人が大勢いるのです。

具体的には、他人の目を気にしすぎて自分を抑え込んでしまう。主体性があまりなく、自分の意見ややりたいことはあと回しにして、友人や家族の言うことを優先してばかりいる。自分の気持ちではなく、世の中の常識や、皆がどう言っているかといった他人の動向によって自分のことを決める……。

そういった行動ばかりをし続けていると、たとえ「それでいい」と表面上は言っていても、楽しそうに自分が主役の人生を生きている人を見ると、嫉妬心が出やすくなります。そして「どうせ私なんか」と思ってしまい、それが常態化してしまって、ますます愛を受け取ることから遠のいてしまうのです。

実際、愛が手に入らない、人生が思い通りにならないと悩む人の中には、自分を主役に置いていない人がよくいます。

その悩みを解決したくて、スピリチュアルを探求する人も珍しくありません。

けれど自分が人生の真ん中に立っていないと、有意義なことを学んでも、誰かに依存したり、情報に頼りきりになってしまうことが少なくありません。そして自分の軸がなかなか確立できず、生き方がぶれやすくなって、最終的に幸運から遠ざかってしまうのです。

外の情報を取り入れるなら、まずは自分の人生の真ん中に立つことを前提にすべきと言えるでしょう。

✳ 2 心のドアを閉めずにオープンにする

愛を得るために必要な2つ目については、まず自分が心のドアを外側に向かって開いておくこと。具体的には、自分が愛と幸福をふんだんに得る権利があると信じ、疑わずに物事を見て、日々を生きることです。

ただし傷を抱えている人にとっては、それが難しい場合も多々あるでしょう。

本来、生まれたての時は誰もが、外に向けて心のドアを開きっぱなしにしていました。ところが、愛に関してショックを受けた経験があったりすると、開いたドアから自分を傷つけるものが入るのが怖くなってきます。それでドアを閉じてしまい、十分開くことが難しくなるのです。

幼い頃から十分愛情を得られなかった人もですし、大人になってから失恋や信頼していた人からの裏切りなどを体験し、心を開いて人と交流するのが難しくなった人もそうなりやすいと言えるでしょう。

でも一時的に閉じてしまっても大丈夫。しっかり自分を癒やしてから、また開けばいいのです。

ドアを開けない人は、愛を得られずにその欠乏感を何かで埋めようとしてしまいます。必要以上に物を持ったり、必死になって働いて評価を得ようとしたりするでしょう。

そうした行動自体が悪いわけではないのですが、愛をあきらめるためにしているなら、無限に注がれる愛に自分から背を向け、遠ざかろうとしているのと同じことになります。

愛に勝るエネルギーはありませんから、いくらそうしたところで結局エネルギーが不足してしまい、一時的にはうまくいってもどこかで限界がくるのです。

だからこそ、**自分で入り口を制限しないことがとても大切**だと言えます。

今は愛に背中を向けて腕を抱え、拒絶しているかもしれません。**でも少しずつ前を向いて、抱えた腕を開いて、胸を広げることができる。**そう信じてみてください。

勇気を持って心のドアを開いたら、過去にどんな経験をしたとしても、必ず愛を受け取れるようになりますよ。

3 ただ佇んでいることが道を切り拓く

最後に、ただ佇んでいるだけでいいということについて。

龍によれば、愛は努力して勝ち取るものではない。

自分を世界地図の中心に据《す》えて、愛に対して心のドアを全開にしたら、あとはその場所にドンと構えていればいい。

自分の軸から外れることをしないで、ただ軸の中心にい続けるだけでいい。

それだけで十分に愛が注ぎ込まれるのだ、ということです。


人は愛が不足していると、それを外に取りに行こうと頑張ってしまい、自分の軸から外れてしまいがちです。

具体的には、恋人を作りたくて、自分が心地よくない異性ウケするメイクやファッションをする。または愛されたくて、本当の自分の性格を変えようとする。

そのような時は、自分に向き合ったり、自分を愛することができていないのに、誰かからの愛を強く求めようとして、外側に愛を求めに行っている状態にあると言えます。
しかし実際には、本来の自分自身に愛を注ぐことから遠ざかれば遠ざかるほど、逆に愛を得られなくなってしまうのです。

もちろん自分の内面が見えないこの3次元の地球では、外側の、人に見える部分を工夫するのは決して悪いことではありません。でもどんな時でも、自分の軸を持ち、自分を中心に据えることだけは忘れないでください。

自分自身のインスピレーションで良いと思ったこと、心地よいと感じたことをしたり、自分自身がこういう人間だということを表現してみましょう。

それが結局は愛を引き寄せる行為になるのです。

✳ 愛情不足の経験は価値が高い

ここまで愛を受け取るための3つの条件についてお話ししましたが、子どもの頃、虐待を受けたり、愛の少ない家庭に育ったりして愛情不足だった人にとっては、その条件を満たすのが難しいと感じたかもしれません。

心を閉じたり自分を脇役にして生き、見たくないものから目をそむけることで、心の平穏をかろうじて保ってきた、傷つくことから自分を守ってきた、という人もいると思います。

しかし龍が言うには、**幼い頃に何かが不足した状態にあり、それを満たしていくという行為が、魂の経験値としては非常に高いものになる**のだそうです。

というのも、私たちの魂は、この地球でしかできないさまざまな貴重な挑戦をしたくて生まれてきています。

中でも、親の愛の不足を埋めるような挑戦はとても難易度が高いため、乗り越えることによって大きな経験値を積めるとのこと。

そのため、**顕在意識ではとてもつらいことにもかかわらず、魂のレベルでは経験値を高めたくて、わざわざ体験させてくれる親を選んでいる**そうなのです。

つまるところそれは、どんなつらい経験も、必ず乗り越えられるように設定されているということ。

乗り越えれば誰もがちゃんと愛を平等に受け取ることができるので、あきらめずにチャレンジしてほしい、とのことでした。

逆に何も不足がない状態で生まれた人は、3次元ではうらやましがられるけれど、高次元からはもったいないと見られるそう。

せっかく地球に来たのに、なぜここでしか積めない経験をしないんだろう、と思われているようです。

ただ幼児虐待などで、十分愛が得られないまま亡くなる子もいますよね。

全員平等に愛が得られるなら、なぜそんな子が存在するのだろうと思いませんか？

しかし龍が言うには、**そういう子たちは生まれる前から、何が起こるのかを知っていたそうです。**

わかった上で、親や世の中に、愛や優しさ、尊さや寛容さのような、大事なものに気づいてもらうために生まれてきたと言います。

そのような使命を持って悲しい人生を送る行為は、とても徳を積むことなので、高次元がその子たちを手厚く庇護《ひご》しているそう。

そして、人間から見たら愛を十分受け取っていると思えなくても、その子を守護している高次の存在たちが、非常に大きな愛を濃く強く注いでいるとのことです。

ゆえに私たちにはわからなくても、ちゃんと同じ量の愛を受け取っているのだ、という話でした。

このような話は、頭でわかっていても、悲しい事件があったりすると心が痛みますよね。実際に虐待を受けた経験がある人にとっては、なかなか納得できない部分もあるでしょう。

それでも、**高次元と3次元とではまったく捉え方が逆だと知ることが、心の傷を癒したり、壁を乗り越える力になる**と龍は言います。

本当の自己愛と自己肯定感

自己愛がすべての現実に関係する

恋愛や人間関係だけでなく、仕事やお金のことが思い通りにならないと悩む場合も、実はその根本原因が愛の問題であるケースが多々あります。

自分を愛することができない人は、自分を認めることができず、自己肯定感も低くなりがちです。

そこで時に他人を低く評価したり、自分を過大評価することで自己肯定感を上げようとしてしまい、客観的で冷静な判断ができなくなって、結果的につまずいてしまうことが多いのです。

また十分なお金や豊かさが得られるはずでも、自己愛が少なく、自己肯定感が低い状態だと、自分には受け取る価値がないという無意識のブロック（※ブロックについてはP142を参照）を持ってしまい、なかなか受け取ることができません。

愛というのはすべての豊かさの根っこであり源泉なのです。**思い通りの人生を送りたいなら、まず自分の愛の基盤、土台を整えることが欠かせません。**

とくに風の時代には、**自己愛を持ち、自己肯定感を満たすことがとても大事**になってきます。

というのも、あちこちで言われているように「風の時代とは個の時代」であり、社会的な人間関係がますます希薄になって、誰にでも共通する価値観が薄まっていくからです。

地の時代なら、世間には似たような文化の中に育ち、同じような外見をしている人がたくさんいました。近くに住んでいたり、同じ学校や職場に籍を置いている人、似たような家族構成ならば共通点は山のようにあったでしょう。

互いにどんな人だか想像がつきやすく、そこからある種の安心感を得ることもできていたと思います。

ところが今後は、周りと自分が同じではなくなり、今まで得ていた安心感も失われます。

また個性が際立つ人が活躍しやすくなる半面、何もかも他の人と同じだったり似たり寄ったりの人ほど、物質的にも精神的にも豊かに生きることが、より難しくなっていくでしょう。

そうなると、自分は自分、人は人、皆違ってそれでいい、という価値観を体現できるような、確固たる自分軸がないと自分を守れなくなります。

その自分軸を確立するためには、自己肯定感や自己愛が欠かせないのです。

さらに、新しい時代には、愛のある人のところには同じように愛がある人が集まってきます。どのような場所にいても、精神的に似た人同士がつながりやすくなるからです。

すでに昨今のネットを使ったコミュニケーションでは、あちこちコミュニティがあり、小さなトークルームも含めて、多くの人が共通の趣味や嗜好《しこう》を持つ人とつながっている状態ですよね。そういった共通点があることだけでなく、心が通じ合う相手かどうかも私たちは嗅《か》ぎ分けることができるのです。

実際にオンラインのみで顔もわからず、どんなバックグラウンドやステイタスを持っているのか知らない相手であっても、会ったら前から知っている人のようにしっくりきた、というような話も頻繁《ひんぱん》に聞きます。**それは私たちが、独自の嗅覚と直感で、相手の持つ波動を感じているからだと言えます。**

風の時代は、そのように同じような波動を持つ人同士が引き合う状況が、さらに起きやすくなるのです。

もしあなたがこの時代に、愛に満ちたすばらしい人々に囲まれたいと思うのならば、**ぜひ自身がまず自分を愛し、肯定できるように心がけてみましょう。**それこそが最も恵まれた環境を作り上げるための第一歩になります。

そして、自分を愛するのと同じように周りを愛するという、オープンな気持ちを持ってみてください。必然的に周囲の人間関係が良いものになっていくはずです。

もちろん、境界線は必須です。**自分は自分、人は人。そのラインはしっかりと意識してください。それこそが自分軸を保つということです。**

これらの点から、風の時代は、愛と自己肯定感が持てる人にとってはとてもすばらしい時代だと言えます。

その半面、自分を愛せなかったり、自信がない人にとっては、物質面、非物質面ともに豊かさから遠ざかってしまう恐れがあるのです。

だからこそ子どもの頃の愛情不足などで癒えていない傷があり、自分を愛するのが難しいと感じる方にとっては、傷を乗り越えて、愛を受け取れる人になるという挑戦を続けていくことがとても大切なのです。

これについてはのちほど、改めてもう少し具体的な方法をお話ししますね。

✳ 何もなくても自分に自信を持つ

自分に対する自信についても、捉え方のアップデートが必要だと龍は言います。

これまでの地の時代では、人間は自分で何かを成し遂げたこと、手に入れたもの、持っているものが多かったり大きいほど、またそれが目に見えてわかりやすいものであればあるほど、自信が持てるのだと認識していた人も多かったと思います。

例えば会社を立ち上げて成功させた、何かのジャンルで1位になった、といった具対的数字や実績があることで、初めて自分に自信を持てる。そして他の人も、「あの人は成し遂げたものがあるから、堂々としていたり自信があるのは当然だ」と納得する。……こういうことは本当にどこでも見られる光景でした。

目に見えるものが何より重視されていた時代だからこそ、実績や所有物と自信とが紐づいていたとも言えるでしょう。

反対に、根拠となる条件がなければ、自信を持ってはいけない、あるいは持てない、という考えも根強かったと思います。**しかしその数字や実績といった条件自体が、すでに確固たる不動のものではなくなってきているのです。**

一例として、現代ではYouTubeやインスタグラムの登録者数やフォロワー数というのが、ひとつの影響力の指標となっていますよね。この数値を高く維持することが、特定のジャンルにおける権威とイコールのように扱われることも多いでしょう。

ところがこうした日々アップデートされる数値は、いつ大きく変動するかわかりません。それどころか最強とされていたYouTubeやインスタグラムのようなプラットフォーム自体が、1年後も最強であるかどうかさえ誰にも予想できないのです。

したがってそのような数値を基盤にした権威性も、はかなくもろく一瞬で崩れ去るリスクがとても高いと言えます。

これが地の時代であれば、100万部売れた書籍、ミリオンセラーのヒットソングといった数値は一度出たら覆らず、その著者や歌手の影響力はそうそう変わらなかったはずです。

つまり、数値を影響力とイコールで結びつけ、ある程度の安定性と将来性をそこに見出すことができた時代はとっくに終焉《しゅうえん》を迎えているのです。

この例だけでなく、物事の価値が流動的に変わる風の時代においては、あらゆる分野で過去の数値や実績がいつその意味を変えるかわかりません。

そのような状況にあるにもかかわらず、過去の数値や実績といった条件だけをよりどころに自信を持つというのは、ある意味とても危うく、不安定な状態です。

もちろん業種や業界によっては、まだ数値や実績が盤石なものとして、当面の間通用することもありえるでしょう。

しかし、数値や実績は、往々にして努力し続けなければ維持が難しいもの。ですからそれを維持して自信を保つため、永遠に努力が終わらないループになる場合もあるのです。

そうやって努力を継続しようにも、体力やエネルギーがふんだんにある若いうちならともかく、年齢を重ねて今まで動かせていた体が動かなくなってきたら難しくなります。肉体で成果を上げる仕事はもちろんのこと、頭を使う仕事も脳の機能が衰えてきたら続けられなくなるでしょう。

つまり多くの人にとって、永遠に努力のループを継続するのは不可能なのです。

繰り返しになりますが、そのように努力できなくなったり、他の人が自分の記録を上回ったりした時に、条件に紐づいた自信とは弱いものなのです。完全に自信を喪失し「自分は価値のない人間だ」と捉えてしまう場合も少なくありません。

その点を考慮すると、実は私たちが長い人生を生き抜くために持つべき、身につけるべき自信というのは、**努力や数字などの実績に基づく自信ではない**と言えます。

もちろんそれもあっていいのですが、**人生に必要不可欠なのは、何かを成し遂げたから**

すごいのではなく、何も成し遂げていなくてもすごいと思える、無条件の自信。言い換えると、ありのままの自分に対する根本的、絶対的な自信なのです。

もし何の条件がなくても自分はすごいという、無条件の自信が持てたらどうでしょう。自分より実績を上げる人が出てきても、肉体が衰えて能力が発揮できなくなっても、その自信はゆらぎませんよね。

そのような絶対的自信を持てると、何をするにも自分の軸からずれず、自分を信じて進むことができます。そういう人が一番強く幸運をつかみ取ることができるのです。

こうした自信を持つために必要なのが、前述した、自分への愛、自己肯定感、無条件に自分を承認できる姿勢と気持ち、そして自分軸の確立なのです。

周りで何が起きても、一定不変の自分を保ち、常に自分を愛し、自分を認める気持ちさえ持てれば、他者に示すための実績や数値などがなくても、ゆるぎない自信を蓄えていくことができます。そしてどんなことがあっても動じず生きていくことができるのです。

このように、自己愛も自分軸も自信も、すべてがつながっているのです。

絶対的自信を持つためにできること

過去の傷を癒やす「クレンズ」について

ここまで、自己愛や自分軸の確立、そして根拠がなくても絶対的な自信や自己肯定感を持つことの重要性をお伝えしてきました。

「うんうん、そうだよね」と納得、共感してくれた方も多いと思いますが、一方で「でも果たしてそれが自分にできるのだろうか？」と思った方もいるかもしれませんね。

自己愛や自己肯定感を高める、絶対的自信を持つということは、簡単なことのようですが、実際にそれを実現するとなると難しいと感じる人も多いはずです。

とりわけ過去に望んだ愛を得られなかったり、理不尽な扱いを受けたりした経験があって、その心の傷が根っこから癒え切っていないという場合は難しいと思います。

自分には過去の傷などない、と思っていても、過去にフェアではない関係性の中で誰かから価値観や信念を押しつけられた経験があったり、自分を押し殺すことが当たり前になっていた方の場合、実は癒えない傷が隠されていることがあります。

では傷を癒やして、自己愛などを確立していくためにどうしたらよいのでしょう?

それにはメンディング、内部浄化、クレンズ(クレンジング)、クリーニングなどといわれる方法が効果的です。

例えば特定の言葉を繰り返し唱えるアファメーションや、日々の瞑想《めいそう》などの方法でも、少しずつその効果を得ることができます。他にも、インナーチャイルドを癒やすための心理カウンセリング、遺恨《いこん》のある人や過去の自分に手紙を書いて自らを癒やしていくワークなども該当します。

自分だけの独自の浄化方法を作ってみることもおすすめです。一例として、嫌なことを思い出したりつらくなった時に、目を閉じ、深呼吸して心を落ち着かせ、自分の心臓のあたりに右手の指を開いた状態で当て、心の傷をぐっとつかみ、体の外側に投げるようなイメージで手を動かしてみる、などが効果的です。

神社でのお祓《はら》いを自分の浄化ワークに設定してしまうのも良い手段です。

またよく知られている方法として、ホ・オポノポノがあります。**ホ・オポノポノとは、ハワイに古来伝わるコンシャスクレンズ（意識浄化）法です。**

特定の言葉の力を借りて、潜在意識にある「記憶」にアクセスし、その記憶をクレンズすることにより問題を解決していきます。その言葉とは「ありがとう／ごめんなさい／許してください／愛しています」の4つになります。

興味がある方はぜひ、ホ・オポノポノについて調べてみてください。ちなみにこの4つの言葉の中に苦手なもの、不快感を覚えるものがあれば省いても大丈夫ですよ。省いても不快感が取れないなら、このメソッドがあなたに合わない可能性があります。無理をしてまで続けないようにしてください。

他にもさまざまな方法で、思考、記憶、無意識、潜在意識の領域をクレンズしたり、整えることができます。自分にとってしっくりくる浄化の方法が見つかったら、積極的に日常に取り入れ、時間をかけて過去の傷を治癒していってください。とにかく、焦らないことです。やがて自分の現状を全肯定できるようになりますよ。

✳ 過去の経験の捉え方を変える言葉

心の傷を浄化する上で、具体的な方法以上に最も大事なことがあります。それは、過去に起きたことをどう捉えていくか、というスタンスを変えることです。

例を挙げてみましょう。

私がセッション（鑑定）中に、クライアントからひどいトラウマや過去の傷にまつわる切実なご相談を聞いている時、高次元からあるメッセージを受け取ることがあります。

「『大丈夫、あなたは何も失っていない』と言ってあげなさい」というものです。

とはいえ、これをすぐにそのまま伝えるのははばかられる場合も多くあります。というのも、そうしたご相談をしてくださる方の中には、ものすごく深刻なご経験をお持ちの方も多いからです。

例えば過去に壮絶な虐待を受けた方、お子さんを亡くされてしまった方、何かの事件の被害者になってしまった方などです。

こうした方に「大丈夫、あなたは何も失っていない」などと簡単には伝えられないですよね。とはいえセッション中の高次元メッセージは、そのクライアントの守護天使やご先祖から発せられている場合が多いので、無視することもできません。そこで折を見て言い方に気をつけながらお伝えするようにしています。

そうすると、すぐに理解できる方ばかりではないのですが、いずれどこかのタイミングではその言葉が腑《ふ》に落ちたり、何かしらの気づきにつなげられる方が多いようです。

クライアントはセッション全体を通して傷を癒やしていかれるので、ひとつのメッセージだけが決め手になるわけではありませんが、確かにこの言葉が前進するために大きく影響した、と言ってくださる方も少なくありません。

そういった話を聞くうちに私は、実はこの言葉が多くの人にとって、過去の経験を捉えるスタンスを変えてくれて、必要な癒しを与えるものなのではないか、と思うようになりました。

もしあなたが過去に誰かから理不尽に傷つけられたり、得られたはずの愛、欲しい愛を得られなかった時の傷が残っていたり、大事な人を失った経験があってまだ立ち直れていなかったとしても、ぜひここで考えてみてほしいのです。

―大丈夫、あなたは何も失っていない―ということについて。

この言葉はある事実をあなたに教えています。

それは、誰も、どんな事柄も出来事も、あなたから何ひとつ奪うことはできない、ということです。

そんなのってきれいごとじゃないの？　と思われた方もいるかもしれません。ニュースを見れば、詐欺《さぎ》、強盗、窃盗《せっとう》に殺人……本当に物騒なことが多く、誰しもいつ巻き込まれるかわからない。

そこまでの犯罪ではなくても、日常生活の中で、悪意の有無に限らず誰かから心を傷つけられることは珍しくなく、いつも傷つけられるのではないかと怯えている。物質的にも精神的にも、大事なものが奪われる機会はいくらでもあるのに、と。

けれど、高次の存在たちは言うのです。

どれほど理不尽に何かを奪われたと思えるような状況にあっても、あるいはそういう経験を持っていたとしても、あなたの魂の輝きは何ひとつ損なわれてはいないのだよ、と。

実はこの地球上で、真の意味であなたが失ったり、奪われるものなど、何もないのです。
例えば、親しい誰かが亡くなった時、私たちはその人を失ったと感じるかもしれません。
しかし私たち人間は誰もが必ずいつかこの地球での人生を終え、その後再び、4次元あるいは高次元の世界で自由に会えると決まっているのです。

大切な人がこの世での役割を終えたことで、あなたが深い悲しみを覚えることがあっても、体の一部がぽっかりと抜け落ちたような喪失感にさいなまれることがあっても、今後は、このことを思い出してください。

どんなに悲しくても、強い喪失感に包まれていても、実は、あなたは何も失ってはいないのです。

さらに、もしも過去に誰かから傷つけられたり、理不尽に思う経験をしたことがあるとしたら、ここでちょっと考えてみてください。その時あなたは、何を失ったと思いますか？

尊厳？　プライド？　自己肯定感？

確かに誰かがあなたから何かを奪い去ったように「思える」ことはあったかもしれない。けれど、あなたは何も奪われていません。起きた当時も、もちろん今も。

あなたにとって大切なものは、すべてあなたの中にあります。何が起きても、どんな時も。

いつ、何が起きてもあなたの心の灯火《ともしび》、つまり魂の光は、ずっとあなたの内部に佇んでいます。

起きたことの衝撃で、灯りが見えないように思える時もずっと。

だからこれからは、つらい時こそ、自分の心の奥底に集中してみてください。必ずそこには、誰にも傷つけることのできない、奪い去ることのできないあなた自身という灯火があります。

誰もあなたから、魂の輝きを奪い去ることなどできないのです。

そのことに気づいた人は、傷を浄化でき、自分の軸をより強くすることができます。そして、何があってもぶれない自分自身に格段と近づくのです。

＊根拠のない自信を身につけるための秘策

先ほどお話ししたような、無条件の絶対的な自信を持つために、おすすめのアファメーションをご紹介します。

私は私です。
私は唯一、私です。
私は自由な私です。
私はすばらしい私です。
私は愛する私です。

リラックスして、一日に3回ほど、この言葉を唱えてみましょう。とくに寝る前に心を無にして唱えることができれば効果が高まりますよ。

アファメーションが苦手な人は、この言葉をノートにひたすら書き出していくノートワークをするだけでも大丈夫です。

自分の声で、スマホなどに録音してリピート再生するのもとても効果的です。ぜひやってみてくださいね。

他にも自分でこれがいいと思うものがあれば、ぜひつけ足してくださいね。違和感があるものがあれば外してＯＫです。

Column 3

高次元の感じ方はそれぞれ

先ほどの高次元についてのコラムを読んで「4次元以降はまだ誰も実際には経験したことがない未知の領域って言っていたのに、どうしてあんなことが言えるの？」と思われた方がいるかもしれませんね。

その根拠になるのは、自らの経験です。先ほどお伝えしたように私は、チャネリングで何度も4次元以上の世界を体感し、高次元からメッセージを受け取ることにより、さまざまな幸運に恵まれてきました。

受け取ったメッセージを伝えた方々の人生も、ほぼすべて、良い方向に変わっています。そのように高次元の働きで実際に目の前の現実世界が変わっているからこそ、真実だと思えるのです。

また「他の人が書いている本で読んだ話と違うなあ」というように戸惑っている人がい

るかもしれません。

次元については、スピリチュアルの領域に限らず、物理学や科学の分野でもさまざまな学術研究が豊富にされているのが現状です。そして、見えざる領域や世界の話というのは、語る人によって違います。ですから私のお伝えした内容が、他で聞いたことがある内容と相違していてもなんら不思議はありません。


例えば龍について、絶対的な神の使いだという人もいれば、龍そのものが神であると考える人もいます。

龍と会った経験があるという占い師やスピリチュアリストなどの中には、積み上げた知識と高度なテクニックを用いてようやく遭遇できると考える人もいれば、街中や庭先でも誰でも遭遇してコミュニケーションができると考える人もいます。

実は、どれが正解というのはないのです。どれも正解です。


そのことを私流の5次元の解釈でもっと掘り下げると、高次の領域は、最後は必ず、自分自身の存在に行き着きます。そしてこのように言い換えることもできます。

この世界の創造主である神とは、実は自分自身のことだと。

誰もが自分の内側を見ていくと「自分」という命の根源を感じることができ、その命の根源をたどっていくと、必ず内なる神の存在にたどり着くのです。

創造主である神とは、目に映る現実社会すべてを創り上げている存在です。直感も高次元メッセージもルーツをたどればすべてここから出ています。

ここから派生されてくるメッセージを私たちが顕在意識で受け取る時に、それが内なる神から直接来ているのだと感じ取る人もいますが、ご先祖様からだと思う人もいるのです。

また、龍や天使に自らメッセージを依頼している時には、源泉は同じ内なる神からであっても、龍や天使が媒介して伝えてくれるように自分で設定して、その設定通り受け取っている場合もあります。

つまり、メッセージの源泉は同じでも、その受け取り方やイメージが、人によって、そして設定によっても違ってくる、ということなのです。

わかりやすい事例を挙げますね。かつて私自身、霊感ゼロを自負していた時代があったことをお話ししました。

その頃の私は、天使、龍、ご先祖様、守護霊、神様などはまったく別々の存在であって、占い師や霊媒師が霊視やチャネリングなどをする際はそれぞれに指定してアクセスし、メッセージを受け取っているのだろうと考えていました。

地球上ではAさん、Bさんがまったく異なる存在であり、それぞれに異なる肉体と意思を持っているように、神や天使や龍などの存在もすべて別個の、切り離された存在だろうとぼんやりとイメージしていたのです。

ところが自分がチャネリングをして高次元メッセージを受け取るようになって、そうではないことがわかりました。

そのきっかけとなった出来事があります。

だいぶ前、私の夫が仕事ですごく悩んでいた時期のことです。

あまりにも大変そうなので、ある日、寝ている夫の横でチャネリングをして、高次元に解決策を求めました。

すると、メッセージが降りてきたのですが、その送り主として、数年前に亡くなった義父（彼のお父さん）、もっと古い時代に生きていたご先祖様、そしていつも夫を守っている守護天使たち、さらに神様、そのすべての存在を同時に感じたのです。

彼らは虹のようにグラデーションを織りなして連携し、ひとつの同じメッセージを伝えてくれました。

そのように5次元以降の領域とは、私たち人間が思うようにすべてに明確な境界線があるわけではなく、どの存在もその気になれば姿形を変えたり消えたり、他の存在とつながったりすることができる世界なのです。

そこから受け取るメッセージの源泉はすべて、内なる自分の神ですが、どんな存在を経由してどう受け取るかがその都度違います。あるいは先ほどの例のように、さまざまな存在が手を取り合って伝えてくれることもあるのです。

地球上でも、例えば海は必ず広い世界のどこかでつながっていますが、どんな水か、どんな砂浜や気候を持っているのかは、場所によって特徴がありますよね。どの海が良くて、どれが悪いということはありません。もとは、大きな自然の存在です。

高次元メッセージも同様で、異なる存在から来ているように思えても、源泉にあるものは同じなのです。

スピリチュアリストや占い師によって、高次元の解釈や捉え方は実にさまざまですが、源泉が自分の内側にあるというのは皆共通しているはずです。

なので、複数の知識や考えに触れる機会があっても、どれが正解なのかと悩むのではなく、ご自分にとって最もしっくりくる考え方を、自分の内側を探って模索してみてくださいね。

第3章

誰でも無敵になれる！
願望実現のワーク

望み通りの現実を引き寄せる方法

無双状態を手に入れる！　スターのワーク

ここからは、龍が教えてくれた願望実現に関してのメッセージをご紹介しましょう。

現代には、願いを叶えるための情報がたくさんありますよね。有名な引き寄せの法則もそうです。さらに、引き寄せの法則を語る際にも欠かせない、願いを叶えるために最も大事な「波動」についての情報も増えています。

そして、高次元からのメッセージを利用して、スピリチュアルな観点から願望を叶えていくやり方などもありますよね。

皆さんの中にも、願望を叶えるために引き寄せの法則を実践されたり、情報を見聞きしたことがある方もいるのではないでしょうか？

私もこれまで、タロットやチャネリングテクニックを使って、たくさんの方々の願望実現をサポートしてきました。その中で、「引き寄せの法則をしても結果が出ない」と相談されることがよくあります。

それに対して、自分らしさをともなった豊かさとお金について教えてくれる緑龍から聞いた話がありますので、いくつかご紹介しますね。

皆さんは無敵アイテムが出てくるゲームをしたことがありますか？

有名なところでは、2021年の東京オリンピックに向けたプロモーションでも登場した日本を代表するあのゲームにも、時間限定で無敵になれるアイテムが出てきます。虹色に輝くスターと呼ばれるアイテムです。

それを獲得した主人公は、本人自身がオーロラのような七色にキラキラに輝き、ただ触れるだけで敵を倒してしまう無敵の存在になります。

龍によると、私たちの誰もが、このスターを獲得した無双状態になれるそうです。

無双状態の私たちは、願いを何でも叶えて、どんどん前に進むことができます。しかもゲームと違って一時的ではなく、永遠にそれができるのです。

なぜなら私たちは皆、光の子であり、スターのように光る魂を持っているからです。

といっても、現実にはなかなか無敵の主人公になれず、願いが叶わなくて悩んでいる方がたくさんいます。願いを引き寄せることをしても、効果が今ひとつ感じられなかったり、小さな願いは叶っても大きなものが叶わなかったりする方も多いようです。

なぜうまくいかないのか。それは、邪念、ノイズ、先入観といったネガティブな観念のせいだそう。

具体的に言うと、「こんな自分じゃダメなんじゃないか」「これでうまくいくわけがない」「もっともっと努力しなければ願いは叶わない」などの思い、というより無意識で思い込んでいることです。

これらの観念を気づかぬうちに無意識にたくさん持ってしまうと、私たちがスター状態になることを阻《はば》んでしまいます。願いを叶えるためには、まずこうしたネガティブな観念を除去し、頭の中をクリアにしていく必要があるのです。

頭の中がなかなかクリアにできない！　と思う方もいるでしょう。もし行き詰まったら、次の簡単なことを気楽にワークとして取り入れてみてください。

気持ちの良い日に、気の良い場所に出掛けてみましょう。そこで何も考えず、ゆっくりと時間を過ごしたら、次のように光をイメージしてみてください。

外はキラキラした光に満ちています。その空気の中で深呼吸してみましょう。あなたが吐く息も、吸う息も、光に満ちています。

あなたが飲む水もキラキラ輝いていて、まるで液体のダイヤモンドのようです。

そのキラキラが、あなたのネガティブな邪念や邪気を払ってくれます。

気持ちがすっきりしてきたら、その良い気分のまま帰りましょう。

帰ってからも、自分から発する言葉や、自分自身の肉体が、キラキラとした光の輝きを放つところを想像してみてください。

そうすると、徐々に想像通りの光を放つようになります。ワークは何度か繰り返して行ってみるといいでしょう。だんだんスターを獲得したゲームの主人公のように、無双状態になっていきますよ。

✳ 願いの純度を上げる

引き寄せの法則を使っている人に限らず、純粋に願って、たくさん努力し続けているという方から、「理由がわからないけれどなぜか願いが叶わない。どうしてですか?」と鑑定で相談されることがよくあります。

その理由について、ある時、情熱的な赤い龍が、時々その姿を冷静で知的な青い龍に変えながら、窓越しに私に話してくれました。

たくさんの理由があるのですが、まずそのひとつとして、**願いの「純度」が下がっている、ということが大きいようです。**

わかりやすい例として、以下のようなものがあります。

「○○○で有名になりたいけれど、それで自分にアンチがつくのは困る」

「稼ぎたいけれど、忙しいのは嫌だ」

「YouTube で活躍してみたいけれど、知り合いにそのことを知られたくない」

ここに挙げたような願いは、一見、正直なように見えますが、実は願いの純度が下がっていることに気がつきましたか？

では、純度が高い願いとは？

「○○○で有名になって、幸せを感じたい！」
「稼いで、たくさんのお金を手に入れて、ハッピーになりたい！」
「YouTube で活躍してたくさんの人を喜ばせたい！」

もっとシンプルでもOKです！

「○○○で有名になりたい！」
「とにかく稼ぎたい！」
「YouTube で活躍したい」

こうやって見比べてみると、よくわかりますよね、純粋な願いと、そうではない願いの違いが。

「叶えたいけれど、○○はダメ」というように否定を入れて願うと、純度が下がり、叶う確率が落ちてしまうのです。

それどころか、宇宙もそれにつながる潜在意識も、否定形と肯定形を区別しません。つまり「○○○が欲しいけど、△△△は嫌だ」というような願いを持つと、極端な話、△△△のほうだけが引き寄せられてしまう場合もあるのです！　前述の例なら、

「○○○で有名になれなかったのに、アンチだけついてしまった！」
「稼げていないけれど、忙しくて目が回る！」
「YouTubeで活躍できなかったことを、知り合いの皆に知られてしまった」

というように、せっかく引き寄せの法則を実践しても、嫌なほうの現実だけを引き寄せることになりかねないのです。

願い方と願いの純度はとても大切なエッセンスです！　赤い龍は情熱の大切さ、青い龍は知性のきらめきを感じさせる龍であり、この時は条件や思考で情熱を縛りつけないことの大切さを伝えてくれたのです。

✳ 願いを叶えて、さらに幸せになる秘訣…不足にフォーカスしない

さらに、ある風の強い日、たくさん鱗《うろこ》のついた、半透明かつ虹色の龍が、神社の階段を降りようとしていた私に、上空から向かってきて言いました。先ほどもお伝えした通り、虹色の龍は注視（フォーカス）するべきものを教えてくれる存在です。

「あるものを、見よ」

あるものって何？　と最初は面食らいましたが、少し考えて、ああのことか、と思い至りました。

それは、不足の逆、のことです。

どういうことなのか、この時に龍が私に伝えてくれたイメージをシェアしますね。

人間は必ず、足りているほうより不足しているほうに目が行き、心を持っていかれる生き物です。例えば、あなたが苦労して1000ピースくらいのパズルを完成させ、仕上がりをうっとりと眺めていたとしましょう。

そこに描かれているのは、美しい青空が宇宙へと続いていく景色。あなたはパズルの幻想的な絵柄を確認しながら、ふと、あることに気づきました。

灰色の台紙が一部、見えているではないですか。なんと完成まであと1ピース足りないのです。さあ、どうしますか？

それまでの満足感は覆り、慌てて周りを探し始めるかもしれません。あるいは、何とかその欠けたピースを頭の中で補おうとするかもしれません。

いずれにしても、不足に気づいた瞬間、うっとりと眺めたパズルとは異なるものに見え始めるのではないでしょうか。すごく不完全なものを眺めている、そんな心地の悪い感覚すら抱くかもしれません。

人間に対しても同じです。たったひとつの欠けたピースであっても、私たちは、ないものを何とか埋めようとするのです。

自分や誰かの、足りないところ、悪いところばかり目につく。一日の中で、あるいはこれまでの人生で、嫌だったことばかりよく思い出す。

……覚えがある方は、責められているように感じてしまったかもしれませんが、もちろんそうではありません。むしろ、ごく普通のことだと思ってください。

なぜそうなるかと言えば、人にはもっと良い状態を目指したいという向上心があるから。

あるいは、いびつなところがあればバランスを取って安定させ、自分を心地よく保ちたいという制御、調整機能があるからです。そうした向上心と調整機能が備わっているおかげで、世界中のあらゆる文明や科学が著しく発展してきた、という面もあります。

ただ、そうやって不足を埋める行為に夢中になっている時、私たちの頭からは大事なことが抜け落ちています。

それは、全体像です。

パズルで言えば、1000ピースという大きなマスの中でのたった1ピースを注視している時、たいてい1000ピース全体の姿は霞《かす》んで見えます。

全体像の中に、実はとても大事な可能性がひとつ隠れているのですが、現状が不完全であるという思いに縛られている時には、なかなか気づけません。

その可能性とは……1ピース欠けている状態こそが完成形なのかもしれない、ということです。

要するに、常に不足を埋めようとしがちなのが人間の性《さが》なのですが、実際には不足があって、不調和に思える状態こそが、その時の自分の完成形なのです。

本当のところ、私たちが何か足りないと思っている時、本当に埋めたいのは心の穴です。

欠けた状態が完璧であるということに気づかないと、心の穴を満たすことは難しいのです。なくなった1ピースが見つかったら、今度はパズルの縁《ふち》がえぐれているのに気がついた、というように、何かひとつ不足が埋まっても、また次の不足点が見つかるでしょう。そしてまた新しい不足を埋めようと動く……。

これには、終わりはありません。埋めても、埋めても、また別の不足に気づいていくことの繰り返しで、一生欠けたピースを探し続けるのです。

それだと、真に心が満たされる日はなかなか訪れません。

このことを教えてくれるのが、

「あるものを、見よ」

という龍の言葉だったのです。これは、願いを叶えて、そしてその結果として本当に幸せになっていくために、絶対に不可欠な要素だと言えます。

欠けた1ピースではなく、「999ピースの全体像」をそのまま見て、それを不足した状態としてではなく、ありのまま受け止められるように、捉え方を変えてみてください。

少しずつでも確実に、人生が見違えるように変化していきますよ。

✳ 不足からの願望は幸せに結びつかない

私がたくさんの方の願望達成をサポートしていく中で、目にしたのが「願い事は叶ったけれど、今、幸せではない」という人たちの存在です。実はこのケースは結構な比率であります。

例えば、結婚をしたいと願って、いざ結婚したけれど幸せではない、とか、理想の学校あるいは企業に入りたいと願って凄まじい努力の末に叶えたけれど、その後の生活に幸福感を得ることができない、などです。

この状況になる原因はいくつか挙げられます。そのひとつは、先ほどの不足感に関係します。

人が何かを願ったり欲している時は「現時点ではそれを持っていない」場合が多く、そんな時は「今はない」「手にしていない」「持ってない」という感覚があるはずです。

この感覚を無意識にでも持ったまま、願いを叶えようと努力を続けるのは、実は欠けたパズルを必死で埋めようとしている状態によく似ています。

「今はまだない、だから絶対に手に入れたい！　欲しい！」

こうして、対象に対する欲しい気持ちが高まれば高まるほど「今はない」不足感が強調されていくのです。

そして、そのように強い不足感をともなったまま何かを得ようとして努力したりしていくと、先ほどの話のように、**不足を埋めてもさらなる別の不足を引き寄せるループに陥ってしまうのです。**

「最幸」の結果をもたらす引き寄せをしたいなら、「今、持っていないもの、手にしていないものを手に入れよう」とするのではなく「今のままで十分に幸せだけれど、もっとそのスケールを大きくしていこう！」「もっと経験して成長していきたい」と設定してみてください。

ここで前提になるのが、先ほどのパズルの例でお話ししたように、現時点でのデフォルトの状態を**「不足がある状態で完璧なんだ」**という認識に変えることなのです。

「あるものを、見よ」という半透明かつ虹色の龍の教えを参照して「不足しているように思える状態でも、完璧な自分。だけどもっとこの幸福のスケールを大きくしていきたい」というふうに願ってみましょう。

人生が驚くほど上向きに、すばらしい幸福感に満ちたものへと変化していきますよ！

✳願い事と幸せが結びつかない

幸福感を得られない原因として考えられる2つ目が、結婚や受験の場合に限らず、**願う目的を、自分を幸せにすることよりも、その事柄を達成すること自体に置いている**ことです。

その場合、願望と幸せとが乖離《かいり》していることがあり、そうなるとどれほどの大きな願いが叶おうとも、イコール幸福になるとは限りません。

一例を挙げて考えてみましょう。今独身で結婚をしたいAさんがいるとして、なぜ結婚したいのだと思いますか？

〈なぜ結婚したいのか？　の理由〉

○幸せな家庭を築きたい
○子どもが欲しい、養育環境として結婚していたほうが楽だし安心だから
○互いに支え、気にかけ合って暮らす伴侶が欲しい

……これらの理由は想像しやすく、共感できる方も多いのではないでしょうか。
他の理由としては、

○昔から大人になったら結婚するものだと思っていたから
○親が「早く結婚しろ」と言ってきてうるさいから
○結婚していないと世間体が悪いから

なども挙げられると思います。こちらもよく聞く理由ですが、共感できると感じる人は前より減るのではないかと思います。

どちらも珍しからぬ理由の範疇《はんちゅう》ですが、この両者に明確な違いがあるのにお気づきでしょうか？

前者のほうは、願望のその先に、自分の幸福感がセットでぼんやりでも描けているのに対して、後者は主体性がなく、そこで意識しているのは自らの幸福感よりも、合理性や一般論、他人の目のような自分以外の尺度ですよね。

まさに後者のような理由で願望を抱くことにより、幸福を望むのではなく結婚自体が目的になってしまうのです。

このような場合に、一生懸命に努力したり引き寄せの法則を実践して願いが叶っても、幸福になれない、という状況に陥りやすいわけです。

受験もその顕著な事例のひとつでしょう。もし自分が主体的に行きたいと思った学校を志望校にしたなら、ほとんどがその学校で得られる幸福をイメージできている状態と言えます。

しかし、親や教師にすすめられたから、一般的なイメージが良いから、あるいは偏差値で妥当だと思ったからなどの理由で決めた学校なら、仮に入学できたとしても、その先の幸福には必ずしも結びつきません。場合によっては自分に合わず、違和感を抱え続けるような結果になることもあります。

考えてもみてください。願いを叶えるためには、少なからず願うことや努力したりすることに時間とエネルギーを費やしますよね。せっかくそこまでするなら、幸せにならないと意味がないと思いませんか？

ではどうすれば幸せにつなげられるかというと、**願い事をする時に、叶えたその先に幸福になっている自分の姿を、必ず思い浮かべること**です。

それをすることによって、叶える途中で幸せになれない結婚相手とは、どこかで別れを経験したり、自分に合わなくて幸せから離れてしまう学校であれば、落ちたりする現実のほうを引き寄せることもあるかもしれません。

それでも願いを叶えること自体に執着しなければ、必ず自分に合う幸福な未来につながっていきます。幸福な結果と願望実現は確実に連動しているわけではないのです。

✳ 比較判断の際には不足を見てもいい

前述のように「現状に不足、不満を感じるのではなく、あるものを見よ」という話をすると、よく間違われやすいのですが、現況をありのまま受け止めることと、妥協することとは違います。

その違いの判断が難しく「自分は不足を見ないようにしているだけなのか、それとも妥協しようとしているのか？」と迷ってしまう人も少なくありません。

例えば恋愛で、自分の条件に少し合わない候補が現れた時、「条件にとらわれすぎてこの人だ、ということに気づけないだけ？　合わないところは折り合いをつけてお付き合いしたほうがいい？　いや、それは妥協？　本当は付き合う相手ではないのかも？」……こんな迷いが出てきて、どれほど考えても答えが出ないどころか、考えれば考えるほどわからなくなる、そんな相談を受けることがよくあります。


似たような事例で、内定が2社から出て、迷って決められない、あるいは住宅の候補がいくつかあって決められない、といった悩みを経験したことがある方も少なくないと思います。とくに何かに挑戦する時に複数の選択肢に迷って決められなくなるのは、人生全般に起こりえることです。

こういった状況下にある時、人は、条件の中から良いところ同士、あるいは不足する要素同士を見出して比較しようとします。

しかし今度は「自分が求めすぎ？　不足を見ずにどの条件にも満足したほうがいいのだろうか？」とわからなくなってしまう人もいるのです。

混乱させてしまうかもしれませんが、このように「適切な判断をするため」という目的があって比較をする場合であれば、各々の不足要素を見出そうとするのは問題ないと思ってください。

ただこの場合も注意してほしいことがあります。**不足している点ばかりに注目しすぎず、全体像を俯瞰して眺めるようにすること。そして、違和感を無視しないことです。**

✳ 問題が起こるサイン!?　違和感を無視しないで

何かを決める時は、何よりも**自分の感覚をたどってみましょう。**感覚は自分自身の内側にある答えを教えてくれます。

出会った相手とお付き合いしないほうがいい時は、違和感が出てきたりするでしょう。反対に、付き合ったほうがいい相手ならピンとくることがあります。

自分の理想の条件を1000ピースのパズルだと仮定した際に、950ピースでも違和感がある相手もいれば、450ピースに思える相手にピンとくることもあります。

意外に思う場合もあるかもしれませんが、その感覚に従ったほうが、幸せにつながる可能性が高いのです。

といってもこれは、あくまでその選択をする時点での感覚であると心得てください。例えば今「この人だ」と思うのは、今の自分に必要な相手であって、それが生涯添い遂げる相手だとは限りません。

「この人は通過点かもしれないけれど、お付き合いするべき」という意味でピンときている可能性もあります。

ただ、一時的な関係になるとしても、ご縁があることに変わりはありません。相手がその時につながる必要がある、大事な人である可能性は高いでしょう。

もし、AかBか、右か左かに迷ったら自問自答してみてください。**どちらに違和感を持ったか、どちらにワクワクしたか。**

同じような道でも一方が暗く感じたり、一方が楽しそうに見えたりしないでしょうか？右はワクワクするけれど、左は暗くて淀《よど》んだ川や沼のようなイメージが出てきて、嫌な感じがするのであれば、右を選べば良さそうですよね。

反対にいくら暗くても、その暗さに迷路を攻略するようなワクワクを感じるなら、暗い道のほうが正しいかもしれません。自分に問いかけているうちに、天使がイメージを見せてくれることもあります。

なかなかそこまでのイメージが浮かんでこない人の場合は、どちらを選んだ未来のほうが、自分の笑顔が想像できるかを感じてみてください。自分の笑顔が自然に思い浮かぶ選択肢があるなら、それは明確な答えですね。

基本的に、ピンとくる、ワクワクするという感覚に従うのも大事なのですが、より注意を払いたいのは違和感のほう。**違和感を持った時には、絶対にその感覚を無視しないほうがいいです。**

違和感を無視すると、必ずと言っていいほどあとで大なり小なり問題が起きます。それは恋愛、友人関係、仕事の取引などすべてにおいて言えることです。

もし自分の感覚をたどっても違和感もワクワクも感じられないとしたら、思考に支配されて直感が働かなくなっているのかもしれません。

くれぐれもその直感力が落ちたままの状態で、思考だけで判断しないでください。自分にとって正しい道が選べなくなります。

そんな時は一度考えるのをやめ、散歩、スポーツ、入浴などの時間を取り、体ごとリフレッシュしましょう。

それでも感覚がつかめない人は、次章に説明する天使や龍とつながる訓練を日々していきましょう。

感性が磨かれて、自分の感覚がわかるようになってきます。とくに違和感を受け取る力はどんどん強くなっていきますよ。

本当の幸せにつながるブロックの解除

ブロックを外すことが開運の秘訣

もうひとつ、引き寄せをしても願いが叶わない理由として、「自分には引き寄せられない」というブロックが原因の場合があります。

本来は誰でも理想の恋愛や結婚、仕事の成功や金脈を呼び込む能力を持つのですが、ブロックがあることでその能力を発揮できないのです。

ブロックというのは、潜在意識に抱いている思い込みや先入観によって、特定の現象や変化が起きることを防止しようと働く抑止力のこと。

例えば、恋愛でひどく傷ついた経験があると、自分でも気づかぬうちに潜在意識下にブロックができ、顕在意識では恋人が欲しいのに、なかなか恋人ができないという状況に陥ることがあるのです。

ブロックも自分にとって必要だから発動しているという面も確かにあるのですが、潜在意識は自分で調整するのが難しく、往々にしてそのブロックが過剰防衛になりがちです。

というのも、私たちの意識は実にその97％が潜在意識で、顕在意識はたった3％。顕在意識で潜在意識をコントロールするのはハードルが高いと言えます。

したがって思い通りの人生を歩むための最大の秘訣は、97％の潜在意識をいかに活用していくかにあると言えるでしょう。その潜在意識にいかに余計なブロックを持ち込まないかということが、願望達成の重要なエッセンスになってくるのです。

金運や恋愛運が上向かないと感じたら、まずこのブロックをできる限り特定し、外していく試みをすることです。

ブロックが外れた結果、幸せな引き寄せが叶ったり、あらゆる運気が上昇して、一気に人生がすばらしいものへと変化し始めることも珍しくありません。

私の知人やクライアントにもそのような方がよくいます。ある方は一度も恋人ができたことがなかったのに、ブロックを解除してから電撃結婚が決まりました。またある方は日々の生活に困窮《こんきゅう》していたのに、投資がうまくいくようになって、今は仕事をせずに好きなことだけして暮らしています。

とくにお金のブロックが外れると、金運を引き寄せる能力が開花し、とてつもなく裕福になれる人がいます。

たくさんでなくても必要なお金が必ず手に入って、楽しく生きられるようになった人も少なくありません。競馬や宝くじのような手段を日々の糧《かて》にして、平均水準よりずっと上の生活を送っている人々もいるほどです。

✳ 誰もがお金に困らないようにできている

お金、収入については、願ってもなかなか叶わないというご相談をよくいただくので、私から金の龍に原因を聞いたことがあります。それにはおもに次のようなお金のブロックが関わっているようです。

○ネガティブな経験（例…お金で大きな苦労をしたことがある、お金で人格が変わってしまった人を見たことがある）
○教育による刷り込みや先入観（例…子どもの頃に「お金に執着してはいけない」と教えられた）
○固定観念（例…「苦労しないとお金はもらえないものだ」と思っている）
○不安や恐れ（例…定期収入がないと何かあったら怖い）

こうしたブロックによって、お金の引き寄せが妨げられている方が多いのです。それは実際に困窮している人ばかりではありません。お金の不安が拭《ぬぐ》えないために、今後の生活を心配して好きでもない仕事を続け、やりがいを得て日々を満足に生きることができないという人もそうです。

ブロックがなければ、本来は誰もが必ずお金に困らない人生を送れるようにできている、と龍は言います。

人はブロックを持たなければ、お金を得たいという純粋な願いを持つこともできるし、根拠がなくてもそれが叶うと信じることもできるのです。その気持ちを持ち続けたら、たとえ苦労して働かずに好きなことだけをしていたとしても、本当にいつの間にか何とかなる、というわけです。

✳願望実現を遠のける「ブロック」の外し方

なかなか願いが叶わず停滞感を覚えたら、一度内面に向き合って、そこにブロックの存在がないかどうか探してみてください。

例えば恋愛の場合なら、自分だけでなく両親の不仲など、過去にトラウマになる経験があって、「私には付き合う資格がない」「恋愛しても不幸になるだけだ」といった思い込みを持っていませんか？

ブロックの有無がすぐにわからない時は、感覚を確かめてみましょう。もしお金持ちになりたいなら、具対的に望むお金を持った自分の姿を想像してみてください。

または、理想的な状態を手にしている自分の姿を想像しながら、それにまつわるアファメーションをしてみましょう。恋愛したいのであれば、

「私は素敵な恋人を手に入れて、心から満たされた日々を過ごしています」

などです。

その時に違和感やザワザワがありませんか？　ブロックがある場合は、実際に願いを叶えたところを想像したり、言葉に出したりしたタイミングで、心がざわついたり違和感を覚えることが多いのです。

その感覚をさらに掘り下げて、なぜ違和感を持っているのか考えてみたり、いつ頃からそういう印象を持ったのだろうかとさかのぼっていくうちに、ブロックになっている原因が大体絞り込めてきます。

原因は完全に特定できなくても大丈夫。大体絞り込めればブロックは徐々に解除していけます（ただ、原因が特定できていると、ダイレクトに原因となったことに関わる記憶や経験を癒すことができます。そうするとブロック解除が的確に早くできる場合があります）。

ブロックに気づいたら、それを解除する試みを少しずつしていきましょう。

まずアファメーションをしてみるのが効果的です。例えば、

「私は十分なお金を手に入れて、欲しいものをすべて手に入れることができました」

「私は理想の恋人と出会い、愛し愛される最高の日々を過ごしています」


など、叶えたい願いを、すでに叶った体《てい》で口に出して唱えてみてください。

ザワザワや胸騒ぎのようなものが多いほど、ブロックや抵抗感がかなり強い状態だと言えます。人によっては鳥肌が立つこともあります。


このような時は、アファメーションをストップし、自分を優しく抱きしめましょう。

そして、ブロックの原因が心の傷の場合であれば、「もう大丈夫」「私は二度と傷つかない」「同じことは二度と起きない」というように自分に言い聞かせます。

さらに「よく頑張ったね、もう大丈夫だよ」と、これまで過去の傷とともに生きてきた自分を褒め、しっかりとねぎらってあげてください。

先入観や思い込みがブロックの原因になっている場合は、否定的な観念が外せるような

ものにアファメーションの言葉を変えます。例えばお金であれば、

「私はお金が大好きです」

「私は多くのお金を得るのにふさわしい人間です」

「お金は私を豊かにしてくれます。私はお金と仲良くして、すばらしい人生をお金と歩むことができます」

恋愛であれば、

「すばらしい恋人と尊敬し合い、超ハッピーに生きています」


など、お金や恋愛自体を肯定できるようなイメージを加えるといいでしょう。

ただしアファメーションには、「暴力をふるう恋人とは付き合わない」のように、否定形は組み込まないよう注意してください。

先ほどお話ししたように、宇宙も潜在意識も否定形を認識しないので、ミスオーダーが

生じ「願わないこと」のほうが願いとして届いてしまう場合があるからです。

✳ 豊かさは栗と同じ

前述したスターのワークを教えてくれた緑龍は、願望が叶わない人に向けて、また別のメッセージも伝えてくれました。

とくにこれは、長期的に取り組んでいる願い事がある方や、いくつかの願いは引き寄せられたけれど、叶っていない願いがあるという方へのアドバイスです（瞬間的な願望実現にはあまり当てはまりません）。

緑龍によると、**例えば、日々を勤勉に生きながら、願いを実現したり、豊かさを手に入れたいなら、何よりの秘訣がある。その秘訣とは、とにかく焦らないこと**だと言うのです。

龍は、私たちが望む豊かさなどを、栗のイメージにして教えてくれました。

栗とはどういう実でしょうか？　栗の実は、他の多くの果実と違い、熟れると自然に地面に落ちてきますよね。大きなイガに囲まれているため、外側から見ても熟れているかどうかはわかりませんが、落ちた時が一番の食べ頃。

その時がくるまでイガで身を守り、内側でしっかり甘く熟してくれているのです。

あなたにとっての豊かさもこれと同じ。**豊かさは訪れるべき時を知っていて、一番美味しい時に勝手にあなたの前に落ちてきてくれる**のです。

春や夏には栗は落ちませんよね。落ちる前に焦って木から採っても、食べ頃ではなく、美味しくありません。また焦ってゆすると味が落ちると聞いたこともあります。

それと同じで、**焦ってつかんだものは、あなたに豊かさをもたらしてはくれない**のです。

だからどうか焦らないでください。その時が来たら「実り」は必ず訪れます。見えざる力が豊かさをもたらしてくれることを信じ、安心して時を待ちましょう。

栗の木は、栽培自体もあまり難易度が高くないと言われます。

もちろん最初に木を植えたら、育つまでたまに肥料をあげたり、水をあげたりする必要があるかもしれません。しかし地面に根が張れば、ほぼ自然のまま、日光や雨水で育つことが多いようです。

しかも桃栗3年、柿8年というように、結実まではほぼ3年ぐらい。その後も大きく成長し、毎年たくさんの実をつけます。

条件が良ければ100年はもつとも言われ、私たちが生きている間は毎年実を届けてくれる、それが栗の木なのです。

あなたの願いも同じです。栗の木を植えるのと同じく、一度やるべきことを決めたら、結果を得るまでにそれほどたくさんのことをする必要はありません。

願いを叶えるのは、仕組みを知っていればとてもシンプルなのです。

焦らないこと、その真意をぜひここから感じ取ってみてくださいね。

Column 4

ハイヤーセルフと天使や龍との関係

これまでのコラムで「神」の存在の話をしてきましたが、神と聞くと、皆さんは何をどう思い浮かべますか？　宗教教育を受けた経験があったり、これまで身近に神を感じるきっかけや環境があった方にとっては、自身の経験や知見に基づく神のイメージや定義があるかもしれませんね。

ただ、高次元の領域にいる神とは、絶対的存在であるという点で一般に持たれているイメージとは合致しているものの、私たちとは別の存在、という概念とは違っています。

ここで言う神とは、私たち自身なのです。私たちの内側にある魂の起源の部分にハイヤーセルフがいて、さらにその奥に神がいるのです。

ハイヤーセルフとは、私たちの霊体だと言えます。霊体とは、人間のような体を持つわけではなく、その他の高次の存在と交じり合うこともできる、透明なドレープのような存在です。そのハイヤーセルフのまた奥の、私たちの根っこの部分にいるのが、私たちを生み出し、そして私たち自身でもある神、というわけです。

魂、ハイヤーセルフ、神の違いについては実感を持って理解してもらうのは難しいかもしれませんが、大事なことなので、たとえ話で説明しますね。

あるところに『人生』というタイトルの映画があり、あなたが主役を演じることが決まっていました。あなたは、作品中で「○○さん」という役名を与えられましたが、自分が物語の登場人物だということに気づいていません。

自分で考えて発言したり決断や行動をしたりしているつもりですが、実は大筋におけるシナリオがあって、その通りに展開するように、どこかから仕組まれているのです。シナリオにはいろいろなパターンがあり、その内容を選んだのが、あなたの魂です。

要するに、あなたの魂が選んだ○○さんの人生シナリオに従って、あなたは人生で○○さんを演じているのです。

実はこの映画のシナリオは、ドキュメンタリーやリアリティショーのように、細部にある程度の自由度が与えられています。とはいえ、主人公が大きくシナリオの方向性を逸脱しようとすると、魂がとっさに軌道修正しようとします。なので、主人公は魂に「泳がされている」状態なのです。

シナリオは魂がいくつかのパターンから選んだと言いましたが、では、そのシナリオを書いたのは一体誰なのでしょうか？

はい、それこそが、ハイヤーセルフです。

ハイヤーセルフは、魂がどのシナリオを選び、どんなふうに主人公〇〇さんを管理しているかを、さらに高いところから見守っています。つまり、魂が映画監督や演出家ならば、ハイヤーセルフは脚本も作っている映画の制作会社と言うのが近いかもしれません。

さらに、制作会社（ハイヤーセルフ）よりも大きな存在があります。

地球とそれを取り巻く宇宙環境です。母なる自然を携えた地球という土台がなければ、そもそも〇〇さんの人生ドラマも成立しませんよね。その地球も、宇宙の中でこそ存在できており、宇宙ありきの惑星であるのは言うまでもありません。

この地球という星や大いなる宇宙を創り出し、そこに住む私たち人間を創り出している、絶対的な存在が神なのです。

まとめますと、最初に神があり、神を起源にして生まれたハイヤーセルフがシナリオを作り、魂がそれを選んで、その役を私たち人間が、神の創った地球という3次元世界の舞台で演じているというわけです。

ちなみにハイヤーセルフと私たちは、潜在意識よりももっと深い、意識のずっと奥底にある小さな光る通り道でつながっています。ハイヤーセルフは5次元にいて、魂は私たちと同じ3次元や4次元にいます。

5次元には龍や天使などさまざまな存在がいますが、実はそのどれもが、私たちが大いなる領域（神のいる領域）からの智慧《ちえ》や叡智《えいち》を、わかりやすく解釈して3次元の世界に活かせるように、便宜上創り出したもの。極端に言えば「幻想的存在」なのです。

その実態は、神の化身と捉えていただいてもいいかもしれません。そしてその神とは私たちの源であり、内側からつながっているわけですから、神も、5次元のどの存在も、すべてが私たち自身である、というのが私の定義です。

第 4 章

天使や龍から
最大の恩恵を受け取る方法

高次元とつながるチャネリングワーク

あなたも高次元とつながり奇跡を起こせる

今までご紹介してきたような龍のメッセージは、コツをつかめば、あなたも直接受け取ることができます。

ここからは高次元とつながり、龍や天使たちを通してメッセージを受け取るチャネリングのやり方を具体的にお伝えします。ぜひあなたの人生に活かし、思う存分幸せになってください！

ちなみに、チャネリングで高次元につながる、というと、浮遊霊や低級霊とつながってしまうのではないか、と心配される方もいます。

しかし、正しいやり方でつながるべき存在と正しくつながることを心がけていれば、そのようなことはありませんのでご安心ください。

すでにお話ししたように、私たちの魂はこの地球より高い次元から来ています。その記憶こそありませんが、今でも、どこでも高次元とつながれます。

高次元というのは、波動が重くて何事もすぐに思うように展開しない地球とはまったく違い、何でも思ったことが瞬間的に叶えられる世界だと言えます。

それが一体どんな状況なのか、具体的に想像しやすいのは夢の感覚です。

夢の中では、現実では起こりえない不思議な現象がありますよね。例えば瞬間移動のような経験をしたことはありませんか？　さっきまであの部屋にいたのに、急にこっちの部屋に戻ってきた、というような現象です。

他にも、想像したものがぽんと瞬間的に目の前に現れてくるような夢を見たことがある方もいるかもしれません。目が覚めると「ああそうか夢か、そんなこと現実にあるわけないよね」と納得したことがあるのではないでしょうか。

この夢での超常現象が、高次元で瞬時に思いが叶う現象と感覚的にとても近いのです。

高次元の世界からは、3次元の地球のことが手に取るようにわかります。高い場所から眼下の世界を俯瞰しているような感じだからです。

3次元と高次元の目線の違いは、赤ちゃんと大人のそれを想像するとわかりやすいかもしれません。生まれたての赤ちゃんは自分では動けず寝返りすらできないので、ほぼ一定の視点からしか見られませんよね。でも周囲にいる大人は縦横無尽に目線を変え、赤ちゃんの姿をあちこちから見ることができます。

大人はその視点から赤ちゃんを見て、「機嫌が良さそうだな」とか「おむつを替えたほうがいいかな」などと状態を感知します。高次元の高い視点からも同様に、私たちの現状やそれを変える方法がすぐにわかるのです。

ですから私たちがこの地球の現実に行き詰まったら、高次元につながって、向こうから見ないとわからないヒントを教えてもらうといいのです。

高次元とつながることで、説明がつかない奇跡のようなことが起きたり、叶わないはずの願いが叶うようなこともあります。もちろん第1章で説明した通り、**3次元の時間の制限からも徐々に自由になり、少しずつ現実の時間を自在にあやつることもできるようにな**

りますよ。

それって本当なの？　と思われる方もいるかもしれませんが、実際にこの世界で奇跡的なことはいくらでも起きていますよね。

前述したようにスポーツ選手のゾーンもその一例です。誰もが素人目でも明らかに他の人と違うプレイを目《ま》の当たりにし、それをゾーンに入っていたからだ、と聞いた時に、「理屈では説明できないこともあるのだ」と感じますよね。

とはいえ現代ではまだ多くの人が「あの人はすごい業績を残しているから、すごい才能のある人だから、私たちとは違うんだ」と思い込んでいます。

しかし本当は、**著しい業績をあげている経営者や一流のスポーツ選手でなくても、誰でもその領域とつながって、時間の流れを変えたり、すごいことを現実に起こしたりできるのです。**

奇跡は、決して私たちに無縁な話ではありません。誰にでも起こせるのだということを、皆さんにもぜひ実感してほしいです。

✳ 天使と龍、それぞれの特徴とつながりやすさ

これから、実際に高次元とつながるためのチャネリングワークをご紹介していきます。今まで龍のメッセージをおもに紹介してきましたが、チャネリングの初歩では天使のほうがつながりやすいでしょう。そこでまずは天使とのコンタクトを例として見ていきます。

天使は街中《まちなか》でも家の中でもどこでもつながりやすい存在で、小さなことや日常的な些細な悩みにもアドバイスをくれます。**個人的な悩みもよく聞いてくれます。**例えば右と左、どちらを選んだらいいか、と聞いてもかまいません。

と言っても答えを知るのが本人のためにならない場合は、まるっと答えそのものをそのまま教えてくれるわけではなく、ヒントのみ伝えてくれます。

時には自分には確かめられない、他人の気持ちを教えてもらえることもあります。

ある人は街で信号を待っている時、天使に「好きな人が自分をどう思っているか教えてほしい」とお願いしました。

その直後、道を歩いていたら、イチョウの葉が目の前に落ちてきたと言います。その葉っぱは見事にきれいなハートそのものの形をしていて、しかもハートの根元が完全にその人の向きに落ちたそうです。

まさしくこれが相手の気持ちだと思い、後日、自分から食事に誘ったところ、順調に交際に発展したそうです。これは現象でメッセージを受け取った場合の事例になりますが、天使の声や言葉でメッセージを受け取る人もいます。

龍のほうは、天使のようにどこでもつながれるわけではないので、慣れるまではピンとくるメッセージを受け取りにくいかもしれません。

もちろん天使の場合も、つながるにはチャネリングワークという行動を自ら起こす必要がありますが、お願いすれば向こうから歩み寄ってくれるような、親しみやすい存在でもあります。

それに対して龍は、たいていの場合、後述するような特定の場所に大きな存在として佇んでいるため、私たちがその場に赴《おもむ》く必要があります。

届けてくれるメッセージも、この時代や人生の流れに関する大局的なものもあるので、私たちのほうが大きな視点を意識して解釈するようなイメージです。

両者とも、同じように生きるための指針を与えてくれる存在ではありますが、担任の先生と校長先生のようなイメージで捉えるとつかみやすいかもしれません。

✳ チャネリングの実践〜天使とつながる基本のチャネリングワーク〜

チャネリングをする前には、必ずグラウンディングのワークを行いましょう。グラウンディングとは、英語の ground ＝地面、土地から来ている言葉です。地球と自分とのつながりを意識して一体感を感じ、心と体とのバランスを整えていくワークの手法を言います。自分自身がこの地球の大地に生きていることが実感できると、確固たる自分自身を保つことにつながるのです。

チャネリング前に次のワークをしっかりと行うことで、着実に地球に根を下ろした状態で高次元からのメッセージをキャッチすることが可能になります。

①グラウンディングワークの手順

まず3回深呼吸し、目を閉じてください。

おへその下の丹田《たんでん》のあたりに意識を向けましょう。ここは自分のエネルギーの中心であり、魂の意識がある場所といわれます。

そして次のようにイメージしましょう。

自分のエネルギーが丹田から下に向かって流れ、お尻の仙骨《せんこつ》のあたりを通って足へ、さらに足の裏から地球の内側へと根を下ろすように降りていきます。ぐんぐんと力強いエネルギーが降りていくのを感じてください。

自分のエネルギーが地球の中心に到達したら、今度は地球のエネルギーを受け取りましょう。まず地球の中心からのエネルギーが、今下ろした根を通り、自分に向かって上ってきます。

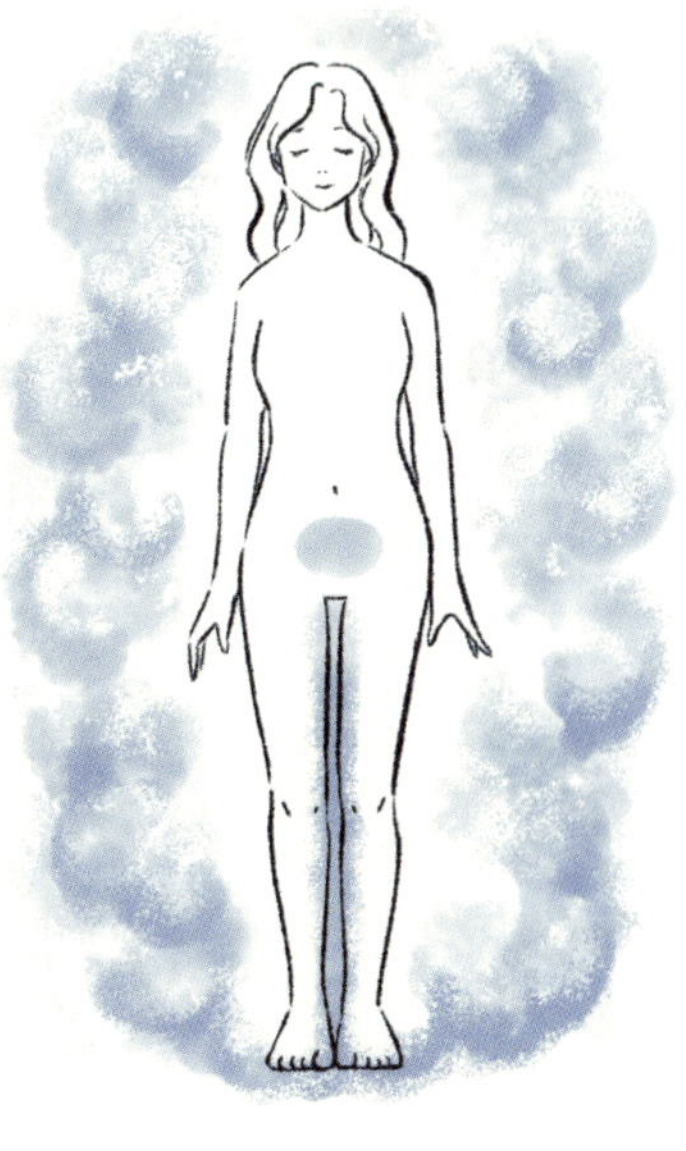

足元まで到達したら、勢いよく体に入って仙骨を通り、丹田のあたりに集まってから自

分の全身にめぐります。ぐんぐんと力強いエネルギーが上ってきて、全身にエネルギーが満ちてくるのを感じ取ってください。

②宣誓《せんせい》

次は、宣誓ワーク。高次の存在に対して心構えを伝え、メッセージを受け取る準備をしましょう。

「私は今から受け取るメッセージを、自分とこの世界をより良くしていくために使うとお約束します」という宣誓の言葉を3回、唱えます。唱えることで自分の意識を切り替え、高次元からのメッセージに集中することができます。

言いやすいように自分流にアレンジしたり、変えても大丈夫です。

③自分の胸の上部をノック

拳《こぶし》を作り、ドアをノックするようなイメージで、**胸のあたりを2回ぐらい軽く叩きます。**これが自分の邪気を払い落とし、高次元の世界への扉を開けてつながり始める合図になります。

④花が開くイメージをする

質問を唱える前に何かの花のつぼみを頭の中に思い描きましょう。種類は何でもかまいません。一例として蓮《はす》の花が想像しやすい人が多いようです。

つぼみだった花が開いていき、満開になるところを頭の中で思い描きます。

このイメージをすることで自分の心が高次元に開かれ、メッセージを受け取りやすくなります。

⑤呼びたい高次元の存在を思い浮かべる

これからつながりたい存在、ここでは天使を一人選びます。

私たちが積極的につながることができ、サポートしてもらえる天使には、大天使と守護天使がいます。

大天使は、神様と私たちをつなぐ役割をしていて、たくさんの天使たちを統括している存在です。

守護天使は私たち一人に一体はついていて、常に私たちを守ってくれる役割をしています。人によっては大天使が守護天使を兼ねている場合もあります。

また守護天使と同じように私たちをそばで見守っている存在として、守護霊があります。守護霊とは5次元以降に上がった霊体で、守護天使と手を組んで私たちを見守ってくれる場合と、それぞれ異なる立場から見守ったり指導してくれる場合があります。

まず初心者の方には、3大天使と呼ばれる大天使ミカエル、ラファエル、ガブリエルの誰かを呼ぶことがおすすめです。

どの天使に質問しても答えてくれますが、それぞれの得意分野があるので、聞きたいことに照らし合わせて選んでみることもできます。

ラファエル…癒やしの力を持ち、とくに健康に関することに強い

ガブリエル…仕事やクリエイティブなこと、恋愛や子どものことが得意
ミカエル…一番何でも聞ける。中でも対人関係が得意。ネガティブエネルギーを浄化してくれる

理由がなくても、なんとなく名前にピンときたら、その天使に来てもらってもいいでしょう。

他にも4大天使といわれるウリエルや、7天使といわれる存在などもいますので、興味のある方はご自分で天使について調べてみてください。気になる存在がいたらワークで呼べば来てくれますよ。

⑥来てもらう存在の名前を3回呼び、願い事を唱える

いよいよチャネリングを開始します。心を落ち着けて、深呼吸を3回しましょう。

天使の名前を3回呼んで自分のもとに来てもらい、サポートしてもらいたいことを心の中で唱えてください。

例えば、「ガブリエル、ガブリエル、ガブリエル、私に◯◯（聞きたいこと、質問、相

談）について教えてください」「ミカエル、ミカエル、ミカエル、私に〇〇について必要なメッセージを授けてください」というような感じです。

⑦ローディング

チャネリング開始後、しばらくすると天使がメッセージを届けてくれます。頭の中にすうっと何かが入ってくるような感じがある、感覚や雰囲気が変わる、声が聞こえる、光が見える、色、数字、風景が脳裏に浮かぶといった何らかの変化が起きるのを感じてみてください。ここで届けられたものをキャッチする作業のことをローディングと呼びます。

メッセージを自分にダウンロードする行為です。

どんな形で来るかは、受け取る人または場面によって違います。**言葉でダイレクトに答えをもらうこともありますが、多いのはイメージ映像を見せてもらえること。**何かの物や情景、映画やドラマのようなシーンなどが目に浮かんでくると思います。

また頭に浮かぶのではなく、起きる現象でメッセージが届くこともあります。チャネリングするごとに、臨機応変に受け止めましょう。

メッセージを受け取るタイミングもさまざまなので、必ずあると信じ、すぐに何も来な

いからといって焦らないでください。

例えば好きな人の気持ちを天使に聞いても、何もメッセージが降りてこないと感じることがあったとしましょう。

けれど、もしかしたらその後天使は、あなたの前に「ＬＯＶＥ」と書かれたスウェットシャツを着ている人が現れるという形で、回答をよこすかもしれません。

メッセージは必ず来る、と信じていなければ、ＬＯＶＥの文字が目に入らず、メッセージを見逃してしまうかもしれませんよね。ですから柔軟に受け取る姿勢が大切なのです。

⑧リーディング

天使から何らかのメッセージを受け取ったら、いよいよそれをリーディング、つまり解釈していきましょう。

受け取ったイメージを腑に落ちる解釈にすることが、慣れるまではなかなかうまくできないかもしれません。私の講座の受講生も、メッセージをローディングするところまではかなりの人ができるのですが、リーディングになると難しいと感じる人が多いようです。

そこでリーディングについてはのちほどまた、具体例とともに詳しく説明します。

経験が増えれば解釈にも慣れてきます。何度もつながってトレーニングを重ねてみてくださいね。

リーディングは、慣れないうちはとくに、ローディングの直後すぐにできることばかりではないと思います。すぐに解釈ができなくても、いったんそこでは切り上げて、あとから考察を深めていくのもおすすめです。

とくに最初の頃は、思い浮かんだイメージやその時の解釈をメモしておくといいでしょう。専用のノートを作るのもいいですが、手帳やスマホでも大丈夫。

「○○の悩みを聞いたら○○の映像が浮かんだ」「○○○の解釈で合っている気がする」というように、走り書きでもいいので記録しましょう。

それを時間が経ってから見直してみてください。あとで起きた出来事などと照らし合わせて、「あの時はわからなかったけれど、こういう意味だった」「やっぱりこの解釈で良かった」というように、答え合わせができます。

⑨最後に閉じる

ローディング、リーディングまでの手順をひと通り終えたら、最後に必ず終了のワークを行います。

「ありがとう、ありがとう、ありがとう、もうお戻りいただいて大丈夫です」というように唱えてください。

そして天使が戻っていくところをイメージします。天使が去っていったら、最後に、開いていた花が閉じるイメージをして終了しましょう。これで高次元とのつながりが閉じます。

ありがとう
ありがとう
ありがとう
もうお戻りいただいて
大丈夫です

慣れてくると閉じるのを忘れることが多いので、気をつけてください。とくにリーディングで解釈することに気を取られると、そのまま閉じずに終わってしまいがちになります。

そうなるとチャネリング後にすごく体力を消耗してしまう場合があります。リーディングを始めて「これがメッセージの意味かな」と最初に頭に浮かんだあたりで、いったん閉じるといいでしょう。

Channeling memo

浮かんできたイメージやその時の自分の解釈を日付とともに
メモしておきましょう。時間が経ったら、見直してみてください。

Date . .

Date . .

高次元につながるコツと注意点

慣れたらアレンジしてOK

初心者の方は、慣れるまで手順通りに行ってみてください。慣れてきたら途中のプロセスを自分流にアレンジしてもかまいません。

とくに宣誓やノックなどは、自分を高次元に向かってオープンにし、メッセージをもらいやすいように受け皿を作るためのもので、絶対にやらないといけないわけではありません。うまくつながれるようになったら、省略しても差し支《つか》えないでしょう。

グラウンディングに関しても、チャネリングに慣れてきたら必ず毎回やらなければいけないわけではありません。

慣れてくるとワークをしなくても、高次元とつながってメッセージを日常的に受け取れるようになります。

ただし慣れてきてからも、必ず最後に閉じることは意識しましょう。そうしないと高次元の世界とつながりっぱなしになり、とても疲れてしまったり、いざメッセージを受け取りたい時に集中力が途切れやすくなったりします。

✳ 龍とつながるなら気の高い場所へ

龍とつながりたいなら、慣れるまでは天使の場合とまったく同じワークを行ってみてください。個人差が大きいところですが、最初のうちは龍のほうが、壮大でつながるのが難しいと感じる人が多いです。

そこでまずは天使と頻繁につながり、リーディングもできるようになってから龍とつながるのがおすすめです。

もし天使のメッセージがまだうまく受け取れない段階だけれど、すぐにでもぜひ龍とつながってみたい、という人がいましたら、まずは龍とつながりやすい場所を探して、頻繁に足を運んでみましょう。

天使は地下鉄や自宅の部屋の中、お風呂など、比較的どこでもつながることが可能ですが、龍に関しては**建物や車の中など、生活感があったり、雑多な場所ではつながるのは難しい場合が多い**です。

龍は静寂を好むので、静かで落ち着いている、気が高い、格調高い、神聖といった感覚を受ける場所で出会えることが多いでしょう。最もつながりやすいのは、気が高い神社です。自然が豊かで、きれいな水のある川や湖、山、海、良い気が流れていると感じる公園も出会いやすい場所と言えます。

気の高さを感じない場所では、存在を感じることはなかなか難しいでしょう。たとえ良い神社でも、パワースポットや観光地として有名だったり、大きすぎてシステマチックに運営されているところだと、さまざまな気が入り乱れ、出会いにくい場合があります。つながりやすい場所がわかるようになると、意識すればそこでよくつながれるようになりますよ。自分だけのお気に入りスポットを探してみましょう。

おすすめは、**氏神《うじがみ》様の神社です。**氏神様の神社とは、自分が今住んでいる住所、エリアを管轄《かんかつ》する神社のこと。**私が時間の法則を教えてくれた龍に会ったのも、氏神様の神社でした。**

それまでも頻繁に行っていましたが、この時は境内に入ったとたんに龍のエネルギーが体を包み込み、背中を押されるように階段をフワフワと上がっていく感覚になったのを覚えています。

どこが氏神様にあたるかは住所によって違い、家から一番近い神社とは限りません。神社本庁に確認してみましょう。私の場合も、家から最も近いところではなく少し離れた神社でした。結果的にそこで龍と頻繁につながれるので納得しました。

できる方は少なくとも月に1回通ってみましょう。

✳ 龍とつながる際の手順

龍に会うなら、とくに初めのうちはある程度天気の良い時がおすすめです。

雨を降らし、雷を起こす龍もいますが、そういう天気の時はメッセージが荒れたり乱れやすいので注意しましょう。

お気に入りの神社や、相性が合いそうな心地よい場所を見つけたら、なるべく足繁《あししげ》く通ってみてください。そこに行ったら自然に身を任せ、リラックスしましょう。感覚が研ぎ澄まされて、つながるコツがつかめてきますよ。

心身がゆるんで穏やかな状態でいるほど存在を感じやすく、逆に力んでいると感覚がわかりにくくなります。

メッセージも強く期待せず、何か必要な指針を受け取れたらありがたいな、という気持ちで、なるべくフラットな感覚でいるといいでしょう。

その場所まで自然を全身にふんだんに感じながら歩くのもおすすめです。マインドが整ったら、あとは慣れるまで天使と同じワークを行ってみてください。

名前を唱える時は「龍様」「龍神様」などと言ってもいいですし、特定の色の龍の気配を感じたら「金龍様」「紅龍《こうりゅう》様」などと呼んでもいいでしょう。

名前を呼んだら、深呼吸して集中し、龍を待ちましょう。急に視界の片隅がピンク色に見えてきたり、なんとなく視界が緑がかって見えたりしたら、それが龍です。

龍の姿形がはっきりわかる場合と、そうではない場合があります。最初はなんとなく存在を感じる、という状態から始まる人も多いですよ。

慣れてくると龍は、私たちが特定の場所に行きさえすれば、受け取る準備をしていなかったり、メッセージが欲しいと思わない時でも向こうから現れてくれます。今日は会えそうだと感じる時に気の高い場所に行くと、大体会えるようになるでしょう。

龍と出会った場合も最後に「ありがとう、ありがとう、ありがとう」とお礼を3回告げるようにしましょう。閉じる意識も忘れず、開くワークをしていた場合は、閉じるワークをセットで行ってください。

＊天使から受け取った高次元メッセージの解釈実例

高次元とのチャネリングではメッセージの解釈が一番難しいので、ここでその実例をご紹介します。ごく一部にはなりますがぜひ参考にしてみてくださいね。

リーディング例① 好きな相手の気持ちを知りたいAさんの例

Aさんの場合、好きな相手が自分をどう思っているか知りたいと思い、天使に聞いてみたところ、**浮かんできたのは文字や言葉ではなくて、醤油の映像でした。**

それをどう解釈していいのか、考えてみてもわからず、私に相談してこられました。

Aさんによると、その醤油は特別なものではなく、家で普通に使っているどこにでもありそうなものだったそう。

こういった場合、「今日の朝もテーブルの上にあったから、たまたまその記憶が浮かんできただけなのだろう」というように、天使からのメッセージではないと思い込み、スルーしてしまう人がよくいます。でもちゃんと意味があります。

では、ここで考えてみてください。醤油とはどんな存在でしょう？　調味料の代表格ですよね。

他にも調味料はいろいろありますが、他の品で代替できるでしょうか。塩、めんつゆ、ポン酢、味噌……と、どれもそれぞれに個性があり、醤油とは明確に違いますよね。醤油は、とくに私たち日本人にはないと困る必需品であり、唯一無二の存在と言えます。

では醤油に恋愛のイメージはあるでしょうか？　あまり結びつかないですよね。醤油に色気を感じる人は少ないのではないでしょうか。

さらに、必需品とはいえ、たいていの人は使う時以外に、日常生活で醤油を強く意識することは少ないと思います。

「人生で一番大事なものは何？」と聞かれて、料理研究家でもなければおそらく「醤油」と答える人はあまりいないのではないでしょうか。大事なものの順位で言えば数百個、数十個中のひとつに入るか入らないか程度の人が多そうです。

はい、醤油の分析が少し長くなりましたが、実は、これこそがそのまま相手のAさんに対する感情だと読み解くことが可能です！

相手にAさんの独自性は印象に残っており、他の人には替えられない大事なものというインパクトを与えている。

しかし優先順位として必要不可欠なベスト5に入るほどの特別な存在ではない。

かといって可能性がないかと言ったらそうではなく、恋愛の熱が冷めたあとの恋人や結婚相手は、醤油のような存在になることもある。今後Aさんがそうならないとは限らない。

天使は醤油の存在を通して、Aさんにこのようなアンサーを伝えてくれたわけです。

そのような解説をすると、Aさんはとても納得されました。

さらに2、3か月後、Aさんは相手との状況が変化してきたのを感じ、同じことを天使に聞いたそうです。**するとその時は、バラのイメージが浮かんだとのこと。**

バラというのはたいていの人にとって特別な、恋愛に深く関わるモチーフ。つまり相手にとってAさんが恋愛対象になったことを意味していました。

その後実際にAさんと相手との関係は、恋愛に発展したそうです。

リーディング例② 転職を考えていたBさんの例

なかなか転職活動が成功せず、悩んで相談に来られたBさんの場合、私がチャネリングをしたところカニの映像が出てきました。

転職活動で、カニ？　最初は私もすぐには意味がわかりませんでした。そこで、カニの持つイメージを掘り下げてみました。

カニはハサミが特徴的ですよね。ハサミと言えば？　チョキチョキと切る行為が連想できます。転職活動において、切る、が意味するものはなんだろう？　と考えてみました。

そこで、おそらく履歴書や職務経歴書などの記載が長すぎるのでは、と思いつき、Bさんに聞いてみました。すると案の定、一般平均よりもかなり長く書き連ねていたとのこと。

その後内容を短くまとめるようにしたら、無事に採用が決まったとのことです。

たまたまその数日前、私は夏のモチーフが描かれたオラクルカードを買っていて、そこにカニのイラストのカードがありました。

慣れていない人の場合、ここで「ちょうどカニのイラストを見たばかりだから、映像が浮かんできただけだろう」と考えてしまうかもしれませんね。最初の頃は、記憶が錯綜《さくそう》して最近見たものの映像がたまたま頭に浮かんだのだ、と考えてしまいがちです。

しかしそれは偶然ではありません。カニだけではなく他のイラストのカードもたくさんある中で、なぜかカニが出てきたのにはちゃんと意味があったのです。

そのように、頭に浮かんだことには必ず意味があると思ってフォーカスすると、解釈がわかってきますよ。

メッセージの読み方

✳高次元からは答えではなくヒントをもらうもの

高次元とつながって、天使や龍からメッセージをもらう際に気をつけたいこととして、**あらゆる問題への最適解や模範解答を受け取れるものと勘違いしないこと**です。

高次の存在は確かに、あらゆることについての答えを知っています。ただ、だからといってそれをそのまま私たちに伝えるようなことは、ほとんどの場合ありません。

そのまま伝えたら、学校で問題の説き方やテストの傾向などを教えずに、答えだけを告げているのと一緒になってしまいます。問題を解く過程を経ずに、答えだけをもらっても学力は身につかないですよね。

これは私たちの人生にも言えること。私たちは生きているとさまざまな課題や問題に直面しますが、それらは自分の成長のために起きています。乗り越え方は、自らの手で探り出し、自ら解いていく必要があるのです。

高次元の存在が答えをまるっと差し出してしまったり、私たちの代わりにやってしまうことは、他ならぬ私たちのためになりません。

高次の存在たちがくれるのは、あなたがなぜうまくいかなくて、どう解決すればいいかの「ヒント」です。そのヒントを受け取ったら、自分で答えを導いて、自分で動かなくてはいけません。

メッセージがヒントではなく、絶対的な答えだと思うと、そこに依存が生まれやすくなります。例えば内容にすがったり、良い内容が出たからといって油断して努力しなくなってしまったりするのです。昔から占いの結果やスピリチュアルな教え、そしてこうした高次元メッセージに依存してしまう人が一定数います。

そうなってしまうと、結局、本末転倒で、人生を良くしていくはずのものがむしろ悪影響になることもあるのです。

ですのでメッセージを受け取る時の姿勢、スタンスには十分気をつけ、頼りすぎないように注意しましょう。**高次の存在が手助けしてくれるのは、あくまでも自分が動くきっかけだと認識してください。**そして自分の軸をしっかりと保ち、流されずに自分らしい生き方をしていくことを心がけましょう。

それさえ気をつけて、メッセージを自分の味方につけることができれば、物事の捉え方を変えることができて、マインドも行動も、すべてが良い方向に変わっていきます。短期間でも人生が見違えるように変化していきますよ。

✳高次元とつながりやすい人とは

何度もお伝えしてきている通り、誰でも高次元とつながることはできるのですが、その中でも、日々直感を研ぎ澄ませている人ほどつながりやすいと言えます。そして、頻繁にコンタクトを取っていたほうが、メッセージの受け取りもスムーズになります。

チャネリングやタロットを知らなくても、普段から直感が鍛えられている人もいます。

そういう人は無自覚のうちに、高次元からのメッセージを受信していることもあります。

そういった人たちは必ずしも、スピリチュアルへの関心があるとは限りません。

とくに男性の場合、現実社会で生きるために、スピリチュアルな分野への興味をあえて持たないようにしている人もいます。

ただ、そんな方の多くは、何も感じないと言いつつ、見えない世界を大切にしたり、感覚が研ぎ澄まされるようなことを何かしているものです。特別な理由なく日頃から神社によく参拝したり、瞑想している人も珍しくありません。

また、人の役に立とうと一生懸命仕事をした結果、目に見えないものが感じられるようになる人もいます。

そういう人は、世の中の人々が何を考え、何を欲しているか、次に何が必要になるか、経済動向がどうなるかなどを日頃から必死で考えています。そのうちに目に見えない人々の集合的無意識や、世の中の空気を読み取ることができるようになったりするのです。

私がお会いした成功しているビジネスマンや経営者にも、そういう人がいます。彼らは店舗や事務所を選ぶ時に、風水やスピリチュアルなカウンセリングなどしなくても、気の流れを敏感に感じ取っています。

このように、直感が研ぎ澄まされると、たとえ無意識であっても高次元のアドバイスを直感で受け取ることができ、人生に活かせるのだと言えるでしょう。

✳タロットで直感は鍛えられる

直感を鍛える手段のひとつとして、タロットカードを用いてリーディングする方法があります。タロットリーディングのやり方は一冊の本にできるくらいの内容なので、ここでは、チャネリングの補助として使う場合を中心にごく簡単にご紹介しますね。

タロットをする時は、心を無にして、無作為にシャッフルしたカードを選択します。そうすると、自らの潜在意識を通して、その時の自分に必要なメッセージが受け取れます。未来予知もできますが、最も強いのが、現状把握とアドバイス（助言）です。

タロットの結果から現状を正しく把握し、アドバイスを実行に移していけば、未来を常により良いものへと変えていくことができます。また今見落としていることを拾い上げて、予想外の悪い結果になることを防ぐこともできるのです。

潜在意識は4次元とつながっているため、タロットでは基本的には4次元からメッセージを降ろします。

ただチャネリングメソッドを使いこなせるようになれば、5次元以降ともつながり、ハイヤーセルフ、龍や天使など高次元からのメッセージを降ろすことも可能です。

この場合、チャネリングをしながらタロットを展開し、高次元へとつながっていきます。

先ほどご紹介したような高次元とのチャネリングワークをしていて、受け取ったメッセージの具体的解釈が難しいと感じた時も、タロットを引けばヒントを示してもらえることがあります。

ワークを行ったあとで、カードの絵柄から何か感じ取ったり、意味やキーワードを調べたりしてみてください。それを受け取ったメッセージとつなげてみると、解釈がしやすくなります。

リーディングをする上での注意点

メッセージの内容は必ず本人のためになるもの

高次元とは自分の内側からつながるので、メッセージは基本的に私たちが納得できる、自分のためになるものが届きます。

例えば以前、夫が私に言ったひと言が許せなくて夫婦喧嘩《げんか》になった時のことです。私にとっては夫がなぜそんなことを言うのかまったく理解できなかったため、天使に聞いてみました。すると後ろ向きの夫のイメージが脳裏に現れたのです。

このイメージの夫にどんどん近づいて行ったら、夫が振り返り、鬼の仮面をかぶって泣いているのが見えました。その姿から、夫が社会の中で時には心を鬼にして生きなければならず、とてもつらいのだということが伝わってきました。

私に言ったひと言は、その心情から来るものだったのだと納得できたのです。

このように、見えていなかった部分を見るように示すメッセージが来ることがあります。

他にもいろいろな内容があり、反省を促すものや、諭《さと》すようなものなどもあります。

ただし、メッセージから自分の未熟さに気がつくことはありますが、自分が傷つくようなものが来ることはありません。

✳ リーディングは焦らず続けて

メッセージを送るのは高次元ですが、受け取るのは人間なので、現実的な意味を解釈する必要があります。

しかし前述のように、最初はとくにそのリーディング（解釈）が難しく感じる方も多いはずです。

リーディングが毎回高い精度でできるようになるまでには、それなりに回数を重ねるこ

とが必要です。さらにそれを言語化して人に伝えたり、誰かのためにメッセージを受け取ってあげる場合は、慣れているかどうかで難しさが大きく変わります。

初日からすらすらできてしまう人もごく稀《まれ》にいますが、たいていの方の場合は、まず解釈するまでに時間がかかり、それを言語化するということにまたハードルの高さを感じるでしょう。

「言語化」という言葉を使いましたが、他人に伝えるのでなく自分のための解釈ならば、正確に言葉にできなくても、実際にはまったく問題ありません。

リーディングのコツは、ローディングの場面でもお伝えしましたが、とにかく焦らないこと。その場ですぐにわからなくても、受け取ったものに思いをめぐらせ、考えを深めていってください。その時間にも意味があります。

こういった話をすると「高次元メッセージは難しいもので、自分には解釈ができないかもしれない」と考えてしまう人がいるのですが、そんなことは決してありません。メッセージはあなたにわかる形で届きます。まず自分に解釈ができることを信じましょう。

例えばあなたは、日本語がよくわからない人に、あえて簡単な言葉を選んで、ゆっくり説明しようと試みたことがないでしょうか？

相手のレベルに合わせたメッセージを届けるという意味においては、高次元メッセージも同じこと。あなたがわかる範囲で、等身大のあなたに合った形で届けてくれるのです。時に、それを解釈できるタイミングが今すぐではない、というだけなのです。

難しいものだと身構えてしまうと、そのあなたの意識を反映し、本当に難しい、困難なメッセージが届くようになるので注意しましょう。

ひとつの目安として、リーディングに慣れてくると、仮に解釈が高次元の伝えたい本筋と大きく違っていたり、言葉のチョイスが大幅に違っている場合は、胸がザワザワと落ち着かないような心地がします。

それは違和感という形の訂正のサイン。「今違う解釈をしたかな、そうではなくてこうかな」と別の解釈をしてみると、腑に落ちたり胸がすっきりして、そちらが正しいとわかるのです。

✳リーディングは新しい言語の習得によく似ている

高次元にしてもタロットにしても、受け取ったイメージを正しく解釈する工程や、その習熟度を高めていく過程は、言語の習得にとてもよく似ています。

そこで、リーディングを言語習得にたとえてもう少し詳しく説明します。

皆さんが新しい言語を学ぶ際には、まず単語や文法を覚えて、少しずつ体系を理解し、簡単な文章を頭の中で翻訳するところから始まると思います。

勉強を重ねるにつれて、知っている単語が増え、多少複雑な文法が出てきても、意味がわかるようになってきますよね。

このプロセスを重ねて、徐々に自信を持てるようになってきたとします。ところが、いざその言語を話す人を目の前にして、会話をしてみようとしたら？

あんなに勉強したのにぜんぜん言葉が出てこない、相手の言っていることも半分も聞き取れない……言語の習得で最初につまずくよくある事例ですよね。

ただそこであきらめては、本末転倒です。

気持ちを切り替え、会話に挑戦し続け、落ち着いて相手の言っていることをしっかり聞いたり、わからない単語を調べたり、インプット作業を続けていく。継続を試みることで、わずか数週間でも会話のコツがつかめ、聞き取り話せる量が見違えるように増えていくはずです。

タロットや高次元メッセージの解釈も、この言語の習得プロセスと同じように考えてみてください。

最初は、何を言われているのかわからず、解釈につまずくことが多いかもしれません。**でもそこであきらめずに、相手が自分に合わせてくれているのだから必ずわかるはずだと信じましょう。**そしてしっかりメッセージと向き合い、焦らずに解釈を続けていってください。徐々に確実に理解できるようになっていきます。

逆に言うと、どんな秀才や天才でも、母国語以外の言語を何も勉強せず、急にネイティブ並に話せたり、100%相手の言っていることを理解できる人などいませんよね。リーディングも同じです。最初は上手にできなくても、そういうものだ！　と思って落ち込まずに続けてみてください。

✳ 1年を通してつながりやすいタイミングがある

私たち人間が高次元につながりやすい時期として、お盆やお彼岸などがあります。この時期は誰もが霊的なことを抵抗なく受け入れやすくなるのです。

また節分や立春、夏至や冬至といった暦の上の節目も、自然や宇宙のエネルギーを感じやすく、つながりやすいと言えるでしょう。

こうした時期には、普段ならば見過ごしてしまうような事柄にも敏感に気づけます。神社など気が高い場所に行ってみると、龍とも出会いやすいはずです。**ただお正月は参拝者が多いので、神社でつながるのは難しいかもしれません。**

とくにお盆は、直前の7月26日頃～8月12日頃にライオンズゲートが開かれるため、その期間を含めて高次元とつながりやすい大きなチャンスの時です。

ライオンズゲートとは、地球と宇宙をつなぐスピリチュアルなエネルギーの通り道にある、特別な扉のことを言います。

その扉がお盆前の期間に星々の配置が整うことで開き、全開になる8月8日をピークに、宇宙から強力なエネルギーが地球に注がれるのです。そのためこの時期は誰もが、見えない領域に関して気づきを得やすいと言えます。

こうした時期は、高次元の存在のほうが人間に寄ってきてくれるというイメージを持たれることが多いのですが、少し違います。

というのも、**実は本来、向こうはいつでもオープン、ウェルカムな状態**なのです。どちらかというと私たち人間が、どれだけ見えない世界に意識を向けられるかで、つながりやすさが変わると言えます。

お盆のように霊的なものと関わる習慣がある時は、私たちが普段3次元の現実にばかり向けていた意識を高次元に向けるため、チャンスになるわけですね。

メッセージの受信を控えたほうがいい時

自分のコンディションによっては、高次元とつながるのを避けたほうがいい時もあります。

まず大前提として、体力をかなり消耗したあとや、体が疲れている時は高次元とつながらない、というのを覚えておいてください。

3次元の物質界で肉体を持って生きている私たちは、どうしても肉体を使いすぎると疲れが出ますよね。

肉体の疲れは心の疲れにもなります。体と心はつながっていると言われる通り、体が疲れているとメンタルもマイナスになりやすいのです。

疲れている時に、普段なら言わないネガティブな言葉が出てきたりしたことはありませんか？　エネルギー状態が下がって、思考が淀んでいるからです。

そのような時にメッセージを受け取ると、マイナスに解釈してしまったりしますし、そもそも正しく受け取ること自体が難しかったりします。

極端に言えば、風邪を引いて体力が落ち、寝込んでいる時にドッジボールで重たい球を投げられるようなものです。立つことすらできない状態では、ボールをキャッチすることなどできませんよね。

なのでできる限り心身のエネルギーの状態が万全な時につながりましょう。疲れている時は無理せず、つながらないようにして、その分の時間やエネルギーをまずは休むほうに回してください。

✳ つながるにはニュートラルな気分で

高次元とつながるなら、なるべく精神的にも自分がニュートラルな状態の時がいいでしょう。**ニュートラルというのは、精神的にプラスマイナスゼロ地点にある**ということ。今の自分に心を置き、感情が落ち着いて平常心で、ポジティブにもネガティブにも振れていないフラットな状態にあることです。

ポジティブな状態の場合だと、チャネリングを展開すること自体は問題ないのですが、メッセージを高い高揚感とともに受け取ることで、解釈が大きくなりやすい傾向があります。実力やキャパシティ以上に大きなことができるような気分になって、その結果無謀な計画を立ててしまうこともあります。

もしも超ポジティブな状態やハイテンション状態でメッセージを受け取ったら、参考にしつつも具体的な行動や実行に移すのは少し待って、**冷静になってから再検討するようにしましょう。**

一方で、ネガティブな心理状態の時は、体力が落ちている時と同じことが言え、ポジティブな時よりさらに注意が必要です。

とはいえ、物事がうまくいかなくて切羽詰まっていたり、焦ったりと、気持ちに余裕がない時ほどメッセージが欲しくなるものですよね。

もしどうしてもメッセージが欲しいなら、高次元とつながっても大丈夫です。

もちろんその場合は、しっかり深呼吸を繰り返し、なるべく気分を落ち着けてから実践してください。

ただし、もしも体力を消耗した疲れが原因でネガティブになっているのだったら、できる限りコンタクトは避け、まずは休んでください。

やはり最もベストなタイミングは、ニュートラルな状態なので、なるべくその状態に近づけるようにしましょう。

✳ 散歩でグラウンディングしよう

頭の中がいろいろな思考で混乱していたり、心の中がざわめいたりしていると、体は疲れていなくても頭や心が疲れています。本来の自分自身を見失っている状態だとも言え、そのままの状態で高次元とつながるのもよくありません。なるべく思考をすっきりとさせ、心が落ち着いてから展開するようにしてください。


メンタルやマインドを整えていくために効果的だといわれるのが瞑想です。

瞑想のやり方についてはここでは解説しませんが、インターネットで検索すると、瞑想を誘導してくれる動画などの情報がたくさん出てきますので、ぜひ調べてピンときたものを試してみてください。

ただし瞑想にトライしたけれど苦手に感じる人や、一人の時間を取るのが難しい人もいると思います。**そんな方は散歩しましょう。**散歩にも瞑想と同じような効果があります。わざわざウォーキングをするのが難しくても、用事で出掛ける時などに歩くようにするだけでかまいません。なるべく無心で行うようにしましょう。

それもできない時には、粗塩を入れたお風呂でしっかり入浴をするのもおすすめです。照明をなるべく落とし、何も考えない状態で入浴してみてください。

とくに思考が散漫になっていたり、頭で悩みがずっとぐるぐるしてしまう時、自分の気持ちより思考が優位になっていると感じる時などは、これらのことを行ってみてください。雑念が払われ、自分を取り戻すことができます。

散歩や入浴には、地球とつながるグラウンディングの効果もあります。

人間は地球のエネルギーと見えないところでつながり、そのエネルギーを受け取って生きているものです。

散歩で大地を踏みしめれば地球の大自然を感じられますし、粗塩を入れた水につかれば、無意識に人間の起源ともいわれている海とのつながりを感じ取ることができます（海水は人間の体のイオン成分にも近いといわれています）。

そうすることで地球とのつながりがより強まって、エネルギーをたくさん受け取ることができるのです。

多くの人が天をイメージして、意識を頭上に上げるとよいというふうに考えがちですが、今この時を生きている地球上でこそ、受信したメッセージを活かす必要があるわけですよね。ですから、しっかりと意識を地球の大地へ、またそこにつながっている自分自身へと向けることが大切なのです。

質問のコツと禁忌事項について

✳ 後日、繰り返しの質問をするのはあり？

同じ質問について、高次元に聞き直していいですか？　それともタロットのように、同じことを何度も聞くのはＮＧでしょうか？　という質問をよくいただきます。

まず、参考までにタロットに関して言うと、**占いの世界では、同じ質問を何度もカードに問い直すのはNG、禁忌事項とされています。**そういった場合、カードとの信頼関係が築けなくなり、どんどん答えもブレていくからです。

高次元メッセージもこれにとても近いのですが、タロットの場合よりも再質問に関してはおおらかな面があります。

再質問について理解してもらいやすくするため、たとえ話をもとにご説明しますね。

皆さんがもし、会社で、後輩の指導係を任されたとします（ピンとこない方は、部活やコミュニティ内など、イメージしやすい人間関係に置き換えてみてください）。

あなたはある作業のやり方について後輩から質問をされたので、本人のためになるように、ただやり方を教えるだけではなく、丁寧に理由や説明をつけて回答しました。すると後輩が、「わかりました、ありがとうございます！」と元気にお礼を言ったので、あなたは安心しました。

ところが次の日、後輩が昨日とまったく同じ質問をしてきます。しかも昨日説明したことが、なかったかのように聞いてくるのです。ちゃんと聞いていなかったのだろうか？それともあの説明では理解できなかったのだろうか？　とあなたは戸惑います。

真意がつかみかねるため、今度は昨日と言い方を変えた説明を試みました。しかし、不信感が拭い去れません。

昨日あんなに丁寧に説明したのに、今日のこの説明も果たしてちゃんと受け止めてもらえるのだろうか……？　疑心暗鬼な心境の中での説明は、心地よくありませんね。

と、実社会でもありそうな事例をお話ししてみましたが、タロットや高次元メッセージの再質問というのは、これと同じことが当てはまります。**何度も同じことを質問することで、メッセージの送信元との信頼関係が弱まるのです。**

ましてやその行為を何回も繰り返せば、実社会でも関係性が崩壊しますよね。これが再質問は禁忌といわれているゆえんです。禁忌になっている理由について、さらに掘り下げることもできるのですが、ここではざっくりとした説明に留めます。

✳同じ質問をしてもOKの場合

ただし、聞いた事柄について切り口を変えたり、補足をお願いするのはOKです。混乱させてしまうかもしれませんが、局面が変わった時や、一定期間経過したあとで再び同じ質問をするのも差し支えありません。焦らず心を落ち着けて聞いてみてください。

先ほどの事例をもとに、後輩の立場で考えてみましょう。後輩は昨日先輩に仕事を教えてもらい、その場では理解できたつもりだが、改めて考えたら不明点が出てきた。そういう状況だったとします。

この場合、先輩に**「昨日の質問への回答に、さらに補足やヒントをください」**と聞いたらどうでしょう。先輩も不信感は抱かないのではないでしょうか。

また一度質問したことをもとに、改めて考えを深めたり行動に移した結果、状況が少し変わってきたとしましょう。

例えばあなたが「彼は私のことをどう思っていますか?」という質問を天使にしたところ、回答から脈がありそうに思えたので、すぐに彼を誘った。ところが期待していたような返事が得られなかった、という場合です。

その時点で再び、今の相手の気持ちについて質問をしたり、追加のアドバイスを求めるのはOKです。

一方で、天使から答えをもらってから、そのことについて考えをめぐらせ、自分の内部では変化があったつもりだが、相手との関係が進展したわけではない。しかも実際にはまだ数日しか経過していない。

そんな場合に再び「相手の気持ち」を天使に聞く、これは同じ質問を繰り返す行為になってしまうのでNGです。

質問の間に、明らかに何かのアクションがあったり、関係性が変わったという出来事が挟まっているかどうかで判断してみてください。

ポイントになるのが「自分がもし質問を聞かれる立場だったらどう感じるか？」という視点です。先ほどの先輩の例をもとに考えてみてくださいね。

参考までに、タロットの場合、同じことについての質問で、あまりにも繰り返しヒントや補足を求めてカードを足し続けていると、カードに戒《いまし》められることがあります。

有名なのは、質問を繰り返していたタイミングで、突如、悪魔のカードが出てくるパターンです。

悪魔のカードには「執着」という意味があり、「執着しすぎだから何度もカードを引くのはもうやめておきなさい」という警告です。これはタロットを使っていて経験したことがある人も多いのではないかと思います。

実はタロットでは、悪魔のカードに限らず、質問したことについての答えではなく、タロットや質問に向き合う姿勢についての警告や助言が出てきたりする場合が往々にしてあるのです。

集中してじっくりと向き合っている時には起きないのですが、散漫になっていたり、惰性で展開している時に起きやすいので注意してみましょう！

✳ 真剣に聞けば真剣に答えてくれる

高次元にコンタクトする時は一発勝負の気持ちで、意識を集中させ、一回一回を丁寧に行ってください。メッセージも真剣に聞くようにしましょう。

先ほどの先輩の例を思い出してみてください。もし後輩が真剣に聞いてきたら、答えるほうも真剣に対応したくなりますよね。

反対に相手がなんとなく気もそぞろだったり、惰性で質問しているような状態だったりしたら、真剣に答えようと思わず、曖昧にしたくならないでしょうか。

疲れたりして余裕がない時はつながらないほうがいいとお伝えしましたが、そんな時は意識を集中できなくて真剣に聞けないから、というのもその理由のひとつです。

逆に言うと、私たちが真剣に聞けば聞くほどそれに呼応する形で、真剣かつ的確なメッ

セージが来やすくなるのです。

タロットの場合でも、もし曖昧な意味のカードを引いたとしても、その曖昧な中にとても真剣なメッセージが含まれたりします。

つまり、どんなメッセージが来るかは自分のスタンス次第。

どんな態度でカードや高次元とつながろうとしているかで、降りてくるものの質が大きく変わると思ってください。

ピンときたアクションを実践する

高次元からのメッセージや、タロットリーディングを通して、具体的な行動やアクションをすすめられることがあります。それを「やってみよう」と思えるなら、トライしてみるといいでしょう。

けれどもあまり気が進まなかったり、ピンとこなかったりする場合は、無理にその行動をする必要はありません。ピンとこないのであれば、受け取った答えそのものでなく、何かそれに関連づけられるものや付随するものを追ってみてください。

一例として、先ほどもおすすめした「粗塩を入れたお風呂にじっくりつかって浄化しよう」というメッセージを受け取ったとしましょう。それを長湯が苦手な人、シャワーだけの習慣の人がやってみた場合、中にはお風呂の良さに目覚める人もいるかもしれませんが、大体の人は続かないはずです。

そういう場合、バスグッズを売っているお店に行ってみるのもいいかもしれません。そのお店で何か良い気づきが得られたり、他のものとの出合いがある可能性もあります。

他にも、例えばはちみつが頭に浮かんできたけれど、苦手だったりアレルギーがあったとしましょう。その場合、別の甘味料で考えても良いと思いますし、蜂の絵のパッケージからヒントが得られることもあります。

浮かんできたものが直接的な意味だけとは限らないので、柔軟に考えてみてくださいね。

✳ タロットカードの禁忌事項

占いや高次元メッセージの受信には、いくつかの注意点や禁忌事項があります。

そのひとつが先ほどお話しした、同じことを何回も聞く、ということですが、他にもあるのでご紹介します。

・タロットの禁忌事項…繰り返しの同じ質問、妊娠、出産、生死、ギャンブルや投資、受験の合否を聞く
・高次元メッセージの禁忌事項…タロットを参照して、その都度冷静に判断

タロットの禁忌事項は、その他の卜術《ぼくじゅつ》（易占、ルーン、ルノルマン、ビブリオマンシーなど瞬間的な占術、偶然的結果を用いた占い全般のこと）にも共通です。

なぜこれらの項目が禁忌かというと、ほとんどの場合、思い入れが強すぎて、当事者が冷静に占うことは難しいからです。

かといって第三者が占った場合でも、その結果の影響力が大きく膨らんでしまい、未来を良くしていくという占いの本質から外れかねません。

よくある例として、受験を控えている本人あるいは家族が、追い詰められて結果を占い

師に聞くことがあります。たいていは断られますが、中には引き受ける占い師もいるのです。占断の結果、良い予想がされれば、その時は嬉しいでしょうが、安心して油断してしまい、最終結果が大きく変わる可能性も十分あります。

一方で悪い予想が出た場合、本当なら未来を変えようと頑張って、予想を覆すようなすばらしい結果を招くこともできるのですが、がっかりしてやる気そのものを失ってしまうことも往々にしてあるのです。

これでは本末転倒で、占いが未来を良くすることにはなりませんよね。

ギャンブルや投資、生死、妊娠などについても同じことが言えます。誰もがどのような結果が出ても冷静に受け止めて、未来に活かせるわけではありません。

ですから総じて影響力が強すぎたり、客観視が難しい事項は、占ってはいけないとされるのです。

✳ 高次元の視点に吉凶はない

高次元メッセージのほうはなぜその都度の判断で良いか、というと、本人の頭に直接イメージや言葉が降りてくるために、卜術の占いと違って、イラストや意味づけによって、吉凶や良い悪いを示す項目がそもそもないからです。

また卜術の場合、おもに現状や近い将来について占うものであり、占った結果の解釈もある程度限定されるため、そこに望まないネガティブな状況を読み取れることがあります。例えばタロットならば、絵柄そのものがネガティブに見えたり、ネガティブな意味が多いカードが出ることがありますよね。その場合たいていの人は、ある程度ネガティブな現状にあるか、または将来訪れると解釈するでしょう。

それに対して高次元メッセージは、解釈を自分で自由に決められる面が大きいものです。さらに、より高い視点から見たものが多く、その視点からすると起きることはすべて貴重な経験になります。

何が吉で何が凶か、という判断はありません。また、結果を伝えることが私たちのためにならないことは教えてもらえません。そのため、必ずしも卜術の禁忌事項が、高次元メッセージでも同じく絶対禁止、とはなっていないのです。

ただし、卜術で禁忌になっている項目については、高次元メッセージであっても冷静に読みづらいことに変わりありません。メッセージを活かすどころか、とらわれて執着になり、現実がより悪くなる可能性もあります。

その恐れがある場合は、やはり禁忌事項についてはあまり聞かないほうがよいでしょう。

また、高次元に禁忌事項を尋ねたとしても、往々にして「答え、解釈がよくわからない」という結果が降りてきやすいです。

実は私もかつて、実の父が入院中、天使に頼んで高次元メッセージを受け取ったことがあります。

もちろん禁忌事項であることは百も承知でしたので、聞き方に気をつけて、自己責任で、決して依存しないと覚悟を決めて聞いたのです。

一度目は、父が回復して長く生きられるかを聞きました。すると父がモーゼの姿になって十戒のように、海を2つに割っている姿が脳裏に浮かんできました。

その数か月後、父が重篤《じゅうとく》な状態になった時には、病院に向かうタクシーの中で、何とか助かるだろうか……と大天使に聞きました（繰り返しになりますが、これらの質問は、とくに初心者の方にとっては回答の扱いが難しいので、聞かないほうが賢明です）。
するとと今度は、天使たちが父の頭に星の砂を振りかけてくれる様子が浮かんできたのです。

それぞれ、その直後はどういう意味かわかりませんでした。ですが少し経ってから、重篤時に天使たちが星の砂を振りかけたのは、私が父の死に目に会えるように、少し延命してくれたのだと感じたのです。

というのも、病院に到着して1時間ほどで、父は亡くなったからです。

数か月後には、父がモーゼになって海を割る姿の意味に見当がつきました。

高次元が「あなたのお父さんは天に向かう準備をしているんだよ、これから偉大な存在になるのだから心配をする必要はないんだよ」と伝えていたと思えたのです。

おわりに

昨今、見えない世界に興味を持つ人が増え、反対に抵抗感を持つ人は減ってきているようです。

例えば見えない領域のことを分析したり、チャネリングやタロットリーディング、その他さまざまなスピリチュアル的トピックについて、自身の見解や知識を語る人がどんどん増えています。

一般のビジネス講座や書籍でも、引き寄せや潜在意識について、スピリチュアル的な要素を加えながら語られているのをよく見かけるようになりました。

興味を持つ人の中には、情報収集に夢中になって、プロの占い師やスピリチュアリストよりも詳しく、多くの情報に精通している人もいます。

実は、私が本書を執筆しようと決めた背景には、こうした世の中の傾向に対して、時に危険性を感じることがあったからです。

というのも、今や占いやスピリチュアルの世界に、どっぷりつかって依存してしまう人が少なくないのです。

何かを決める時に、毎回、占い師に頼ってしまい、自分で考えたり心の声を聞かなくなってしまう人、占いやスピリチュアル分野で聞いた話の影響で、前世や運命論を頑《かたく》なに信じ、人生を受け身に捉えて行動しなくなってしまう人。

スピリチュアル関連の知識や情報に溺れて、地に足がつかなくなり、目の前の現実生活がおろそかになってしまう人など、挙げればきりがありません。

もちろん、つらい時、苦しい時に占いやスピリチュアルの情報やメソッドに救われるのは決して悪いことではありません。もし皆さんにそういったご経験があるなら、ぜひ大切になさってください。

あるいは現在進行形で、つらいことや苦しいことを、スピリチュアルの力を借りて乗り越えている最中ならば、その状態を否定せず、全面的に肯定したままでかまいません。

ただ、占いやスピリチュアルの情報やメソッドを生活に取り入れる際に、これだけは知っておいていただきたいと思うことがあります。

それは、究極の答えは、他のどこでもなく、あなた自身の中にしかない、ということです。

これを常に、どこか頭の片隅に置いていていただきたいのです。

本書の中で、私は、本当の天啓とは私たち自身の内側にあるものであるという話をしました。今後皆さんが本書に書かれていることを少しでも参考にしながら、チャネリングやタロットを自らの手で行っていかれるとしたら、このことを実感できる機会が出てくるはずです。

その時に、きっと理解できると思います。**真実は、誰かが言っていることではなく、自分の中にある、ということが。**

これを伝えることが、本書を書いた一番の目的です。

一方でまだ、占いやスピリチュアルのジャンルに抵抗感や先入観を持つ人も少なくありません。これらのジャンルは前述のように、世の中にかなり普及しつつありますが、霊感商法や新興宗教の勧誘などと結びつけて悪用されやすい側面もあり、全面的に受け入れられるにはまだまだ時間がかかるでしょう。

私の視聴者や顧客にも、社会的イメージを気にして、占いが好きだけれど家族や友人に言えずにいる、という方がたくさんいます。

時々、「家族に隠れて風菜先生のYouTubeチャンネルを見ています、ごめんなさい」と謝られることもあります。本書もおそらく、隠れて読まれている方がたくさんいらっしゃるのではないでしょうか。

確かに見えない世界のことや、占いやスピリチュアルのメソッドや情報は、まだ科学的根拠や裏づけが低いものがほとんどであり、うさんくさいと感じる人がいるのもうなずけます。

ですからもし何らかの事情で、この分野への興味を隠しているという方も、どうか罪悪感を持たないでいただきたいのです。

ただ、科学・学術・数値的根拠がない＝うさんくさい、うさんくさい＝害、という決め

つけは、もうそれ自体が前時代的な古い考えで、正確だとは言えないと思います。

根拠に乏しいものであっても、人生を前向きに生きるために有用かつ必要なものは、確かに存在するからです。

地の時代にも私たち日本人は、仏壇に手を合わせ、お盆には祖先が帰ってくると考え、子どもが生まれれば神社に出向いて、お宮参りや七五三など恭《うやうや》しい儀式を積極的に行ってきました。誰もが心のどこかで、それらの習慣が人生をより良くしてくれるものだと感じていたのではないでしょうか。

占いやスピリチュアル関連の情報やメソッドも同じです。神仏行事と違って歴史の浅いジャンルではありますが、誰かの人生ではなく、自分の人生をより良くしていくために、確実に必要かつ有用なものだと、私は日々感じています。

皆さんは、どう思いますか？

本書の中で私はさまざまな情報や、メソッドをお伝えしてきました。

どう受け入れ、日常生活に活かし、人生を良くしていくために取り入れていくか？

それは、いかにも風の時代らしく、周囲の価値観に合わせるのではなく、個々の判断で、一人一人が決めていく必要があります。

本書を読んで、高次元の存在や天啓について、少しでも身近に感じていただけていれば嬉しいです。

そして、次のことを忘れないでください。


高次の存在は、あなたに必ず寄り添う存在です。

あなたには、たくさんの守護の存在がついています。

あなたはいつでも、一人ではないのです。

無数の可能性が広がる高次元の世界が、あなたの中にあります。

あなたの可能性は無限大なのです。


改めて本書を手に取っていただいて本当にありがとうございました。

あなたの人生がますます豊かさと愛で満ちていくことを心から願っております。

２０２５年３月の吉日に

風菜 | Funa

タロットリーダー兼YouTuber。占い歴15年。大学卒業後、25歳で美容系の会社を創業。会社は急成長を遂げるが、同時に他人からの嫉妬に悩むようになり、裏切り行為も続いて人間不信に陥りかけていた時、タロットカードに出合う。その後、タロットとともに自らの魂の声、高次からのメッセージを受け取る術を取得し、合わないものや人を遠ざけ、人生を望み通り展開できるようになる。億ションの購入、理想をすべて満たす人との結婚、不妊治療からの出産、さらにM&Aで会社株式を売却してセミリタイアするなど、あらゆる願望を実現。

運《うん》をあやつる「時間《じかん》」の法則《ほうそく》
天使《てんし》と龍《りゅう》があなたを順風満帆《じゅんぷうまんぱん》な人生《じんせい》へと導《みちび》く

2025年3月27日　初版発行

著者／風菜《ふな》
発行者／山下直久
発行／株式会社 KADOKAWA
〒102-8177　東京都千代田区富士見2-13-3
電話 0570-002-301（ナビダイヤル）
印刷所／大日本印刷株式会社
製本所／大日本印刷株式会社

ISBN 978-4-04-607258-0　C0095